수학
잘하는
아이는
어떻게
공부할까?

수학적 사고력을 키우는 초등 공부 전략

수학 잘하는 아이는 어떻게 공부할까?

임미성 지음

비타북스

차례

프롤로그
엄마는 아이의 첫 수학 매니저 • 8

Part 1
공신 엄마에게 듣는 엄마 수업

1. 초등 수학 공부 엄마가 담당해야 하는 이유 • 15
소통, 아이의 마음 읽기 • 질문 하나의 힘 • 끈기 있는 엄마가 성장형 아이로 키운다

2. 엄마의 리액션이 아이를 바꾼다 • 25
성취감을 높이는 마법의 말 • 매일 조금씩, 지치지 않게 • 능동적 몰입을 위한 무기

3. 초등 수학 공부의 심리학 • 34
신뢰라는 감정 계좌에 잔고 늘리기 • 꾀부리지 않는 아이로 키우기 • 제대로 된 칭찬하기와 격식 있는 야단치기

Part 2
기본기를 탄탄하게 수학 근육 키우기

1. 수학적 이해력을 확장하는 독서 • 45
융합 교육을 위하여 • 균형 있게, 깊이 있게, 편식하지 않게 • 재미있는 수학 동화책은 호기심의 연결고리

2. 처음 하는 수학 공부, 어떻게 시작할까? • 53
일일·주간·월간 계획표 • 습관 들이기 3주, 3개월, 1년 작전 • 놀이로 수학 개념 다지기

3. 3학년 때까지 계산력 완성하는 법 • 62
계산력이 실력의 50퍼센트 • 계산력, 성격 따라 키우는 법 • 계산력 훈련으로 사고력까지 키운다

4. 사고력 수학, 언제 어떻게 시작할까? · 68
100점보다 나은 70점 · 개방형 질문으로 생각 근육 단련하기 · 하루에 딱 하나! 매운맛 문제 · 퍼즐을 이용해 문제해결력 높이기 · 내기 요소와 게임 요소 활용하기 · 자투리 시간 활용에 좋은 퍼즐, 퍼즐앱

5. 공부의 기본 장착 프로그램 · 80
수학책 목차의 비밀 · 학교 진도와 다른 공부 계획 세우기 · 불변의 조건, 첫째 정확, 둘째 신속 · 수학도 암기는 필수 · 스토리텔링 문제는 실생활에서

Part 3

우리 아이에게 딱 맞는 초등 수학 로드맵

1. 레벨별 업그레이드 플랜 · 93
옷처럼 꼭 맞는 문제집이 있다! · 초등 수학 점프업 로드맵 · 최상위권은 기본서 빼고 응용서부터 · 상위권은 기본+응용서부터 · 중위권은 기본 혹은 기본+응용서에 모자란 부분 추가 · 하위권은 계산력과 기본서 문제집으로 시작 · 3학년의 로드맵은 이렇게 · 아이를 위한 맞춤형 문제집 찾기

2. 30일의 변화, 방학 활용법 · 105
도약의 디딤돌 · 한 학기 앞선 맛보기 문제집으로 끌어주기 · 벽 깨기 실천하기 · 학기 중 빈 곳을 찾아라!

3. 오답노트 활용법 · 112
오답 관리는 아이의 수학 자산 관리 · 이런 경우 오답노트 쓰지 않아도 된다 · 오답노트, 오답봉투, 오답문제집

4. 고학년 엄마들에게 전수하는 공부 노하우 · 118
다 푼 문제집에서 계획과 대비책이 보인다 · 문제 건너뛰기와 유형학습이 필요한 경우 · 선행학습보다 예습 잘하는 법 · 평범한 아이도 경시대회 문제를 접해보라

Part 4
엄마가 알아야 할 수학 교과서

1. 1학년 수학의 포인트 · 129
2. 1학년 엄마라면 이것만은 꼭 · 138
3. 2학년 수학의 포인트 · 148
4. 2학년 엄마라면 이것만은 꼭 · 159
5. 3학년 수학의 포인트 · 170
6. 3학년 엄마라면 이것만은 꼭 · 180
7. 4학년 수학의 포인트 · 188
8. 5학년 수학의 포인트 · 195
9. 6학년 수학의 포인트 · 202

Part 5
상위 3퍼센트, 최상위권이 되는 길

1. 문제해결력이 있는 아이로 키우기 · 211
일상에서 지식과 경험을 연결하라 · 실수는 결과보다 원인에 집중하라 · 수학의 기초체력을 길러라 · 문제해결의 기쁨을 맛보게 하라

2. 최고 레벨로 가는 길 · 220
평범한 아이가 가진 가능성 · 초등학교 첫 3년 영재학교로 가는 시발점 · 영재는 타고날까? · 영재란 어느 정도 수준일까? · 자소서 준비, 아이의 사소함을 기록하라 · 호기심과 실행력은 짝꿍 · 영재학급 vs. 교육청 영재원 vs. 대학 부설 영재원의 장점과 단점 · 성적 관리보다 더 중요한 멘탈 관리 · 최상위 고학년 엄마를 위한 조언 · 피해가야 할 경시의 함정 · 대치동 스파르타식 학원에 현혹되지 마라

3. 사고력학원 이용 백과 · 240
사고력학원 고르는 다섯 가지 기준 · 유명한 사고력학원 비교하기 · 학원 레벨테스트 해야 할 때, 말아야 할 때 · 학원에 보냈다면 세 가지만 체크하라! · 선의의 경쟁자 만들기

Part 6

케이스별 수학 처방전

1. 이야기책에 빠져 계산력이 부족한 아이 · 253
2. 진도만 나갔지 실력이 쌓이지 않는 아이 · 256
3. 모르는 걸 모른다 말하지 않는 아이 · 262
4. 선생님 평가보다 테스트 결과가 좋지 않은 아이 · 266
5. 섣부르게 선행하다 농땡이가 되어버린 형제 · 269
6. 사고력학원 테스트 탈락에서 4단계 점프업까지 · 274
7. 외국에서 살다 돌아온 놀기 좋아하는 아이 · 277
8. 기대치 높은, 학벌 좋은 부모의 아이 · 280
9. 조기 영재 교육으로 번아웃된 아이 · 285
10. 예체능을 전공하려는 극도로 수동적인 아이 · 289
11. 답안지에 보이는 아이의 특성별 솔루션 · 293

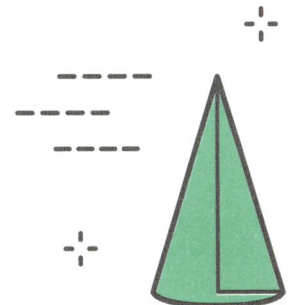

· 프롤로그 ·

엄마는 아이의 첫 수학 매니저

수학을 비유하자면 아이와 같습니다. 겉모습으로는 드러나지 않지만 수많은 다양성과 가능성을 품고 있기 때문입니다.

나는 두 아이를 키웠습니다. 큰아이 용균이는 초등학교 5학년 때까지 사교육 없이 공부하다 중학교에 가서 본격적으로 경시 공부를 시작했습니다. 중3 때는 한국수학올림피아드(KMO) 고등부 경시에 지원해 은상을 받았고 민사고에 진학해서는 1, 2학년 때 연속으로 KMO 금상을 수상했습니다. 그 뒤 대통령 과학 장학생으로 서울대 수리과학부를 졸업한 후 지금은 미국에서 경제학 박사 과정을 밟고 있습니다. 둘째 윤지는 큰아이와 달리 순탄하지 않은 학창 시절을 보냈지만 결국 연세대학교 생화학과를 졸업하고 의학전문대학원을 거쳐 현재 레지던트 과정 중입니다.

큰아이가 공신(공부의 신 1기 멤버)으로 활동할 당시, 공신 엄마의 자녀 교육은 어떻게 다른가를 주제로 책을 내보자는 제안을 받게 되었고 학원표가 아닌 엄마표 수학 교육 노하우를 담은 《수학의 신 엄마가 만든다》가 세상에 나왔습니다. 출간 당시 많은 사랑을 받았고 강연회 등을 통해 수많은 후배 엄마들의 고민을 들은 바 있습니다.

내가 아이를 키울 때와 지금은 수학 공부의 방법이 외형적으로는 많이 변한 것처럼 보일 수도 있습니다. 그러나 내가 아이들과 유아부터 초등 고학년까지 행했던 수학 공부의 방법은 오히려 사고력 수학, 실생활 연계 수학을 강조하는 지금의 수학과 닮아 있다고 느낍니다.

나는 10년 전, CMS라는 대형 사고력학원에 원장으로 가기 전 수학학원을 운영하면서 20여 년간 사교육 현장에서 아이들을 가르쳐왔습니다. 수학 공부를 일찌감치 포기한 수포자부터 국제올림피아드에서 수상한 아이들까지……. 우리 두 아이를 포함해서 30년 가까이 다양한 아이들을 가르치거나 옆에서 지켜보았습니다.

지금 와서 수학 공부에 대한 나의 결론은, 엄마가 수학 공부를 잘했거나 못했거나 상관없이 아이의 첫 수학 매니저 역할은 엄마가 해야 한다는 점입니다. 궁극의 성패는 하고자 하는 아이의 의지가 얼마나 간절한지에 달려 있는데, 수학 공부라는 마라톤에서 혼자 달리다 지쳤을 때 다독여주고 이끌어줄 수 있는 러닝메이트 역할을 엄마가 해줄 수 있기 때문입니다.

언제쯤 고비가 오는지 무엇으로 고비를 넘길 수 있는지 학교 선생님도 학원 선생님도 정확하게 알기 어렵습니다. 많은 아이들이 자신의 약점을 들키기 싫어 선생님 앞에서는 오랫동안 아닌 척할 수도 있기 때문이지요.

또 공부 습관 잡기에 수학만한 과목이 없습니다. 엄마 매니저의 역할도 영어보다 쉽습니다. 스스로 공부하는 습관을 통해 자기주도학습도 가능해집니다. 나는 초등학교 저학년의 매일 30분 공부 습관은, 초등 저학년 때 놀면서 보낸 후 고등학교 때 매일 1시간씩 족집게 과외를 하는 것보다 낫다고 생각합니다. 이것은 마치 복리이자와 같아서 노력을 덜 들이고도 많은 실력을 쌓는 비결입니다.

사고력 수학처럼 쌍방향 수업이 아닌 강의식 교과학원에만 보내고 내버려둔다면, 주입식 학습으로 인한 수동적인 학습자가 될 가능성이 높습니다.

이 책은 5만 독자들의 열광적 박수를 받았고 중국에도 수출했던 《수학의 신 엄마가 만든다》 시리즈의 종합이면서 시대가 요구하는 능력을 키우기 위해 방법론적으로 보완해야 하는 것들을 보충한 책입니다. 그래서 본질은 같으나 겉모양은 전혀 다른 책이 되었습니다. 그동안 받았던 감사의 편지, 끈질긴 재출간 요청으로 다시 한번 여러분을 만나야겠다는 용기를 내게 되었습니다.

초등 수학 공부 왜 학원에만 맡겨두면 안 되는지, 엄마가 언제부터 어떻게 아이 공부에 관여해야 하는지, 왜 초등 저학년 수학 공부가 중요한지, 이 책에는 책상에 앉혀 습관 들이기부터 생활 속에서 사고력 수학을 접하는 방법, 한 단계 한 단계 레벨을 높이며 최고 레벨로 가는 방법에 대한 노하우까지 모두 담았습니다.

처음부터 잘 따라왔던 큰아이와 개성이 강해 기대감이 높지 않았지만 결국 모두가 바라는 성과를 이루어낸 둘째 아이, 그리고 30년 동안 수많은 개구쟁이들을 사랑으로 키웠던 경험으로 독자 여러분의 궁금증을 풀어드리겠습니다.

생각하는 힘이 있는 아이, 끈기 있는 아이, 좌절하지 않고 일어서는 아이. 이 모든 것은 수학을 공부하면서 얻어지는 것들입니다. 수학 자체의 '성과'가 중요한지, 수학 공부를 하면서 얻는 '성장'이 더 중요한지 경중을 가릴 수는 없지만, 저는 이 책이 독자와 자녀의 '성과'와 '성장'에 지렛대가 되어줄 수 있으리라 믿습니다.

2022년 2월
임미성

공신 엄마에게 듣는
엄마 수업

더해야 할 때 빼거나 빼야 할 때 더하면 정답을 맞힐 수 없다. 마찬가지로 공부를 시작하는 단계에서 엄마는 아이에게 이 덧셈과 뺄셈을 잘해야 한다. 아이가 연필을 물어뜯으며 문제를 풀거나 손톱이나 손을 물어뜯으며 책을 읽는다면 당장 읽는 양을 줄여야 한다. 또 아무런 제제 없이 핸드폰 게임이나 하고 집과 학원을 반복적으로 오가고만 있다면 책이나 대화를 통해 생각할 수 있는 다양한 주제를 더해야 한다. 수학 공부는 수많은 다른 분야의 더하기이며, 수없이 필요 없는 것들을 빼서 간결하게 만드는 과정이다.

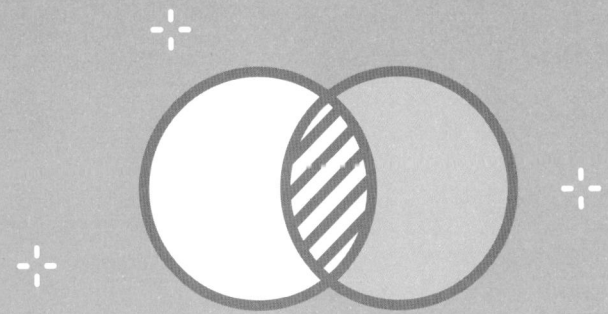

1

초등 수학 공부 엄마가 담당해야 하는 이유

소통, 아이의 마음 읽기

-

사교육 현장에 30년 이상 있으면서 하루에도 몇 번씩 듣는 질문이 "수학을 못 하는데 이런 아이도 가능성이 있을까요?"였다. 그러면 나는 작은아이 이야기를 한다. 많은 엄마처럼 나도 둘째에 대해서는 '때가 되면 다 해내겠지'라고 느슨한 마음을 품고 있었다.

윤지는 초등학교 1, 2학년 때부터 채점하다 보면 틀리는 문제가 들쭉날쭉했다. '아직 개념을 잘 모르나? 시간이 날 때 좀 꼼꼼히게 체크해줘야 할까?'라고 생각하다 다음 날 틀린 문제가 없으면 '오늘은 또 잘 풀었네. 굳이 따로 봐주지 않아도 되겠네'라고 마음을 놓곤 했다. 내 마음을 들었다 놓았다 한 비밀은 어느 날 주관식 문제를 채점하다 풀렸다.

'아래 참조!'

대개 답안지는 모든 답을 죽 적어놓고, 예외적으로 풀이 과정이 복잡한 경우 따로 풀이하면서 '아래 참조'라고 써놓는다. '아래 참조'라는 말의 뜻을 몰랐던 아이는 답인 줄 알고 베껴 쓴 것이다.

"뭔가 이상하다고 생각하긴 했는데 답안지에 쓰여 있으니 그대로 썼지, 뭐!"

당당하게 말하는 아이가 너무 어처구니없어 나도 모르게 웃음이 터져 나왔다. "나도 오빠처럼 잘하고 싶은데, 잘 모르니까 답안지를 보고 썼지"라고 말하는 윤지에게 모르면 모르는 대로 정직하게 풀어야 네가 뭘 모르는지, 엄마가 가르쳐줄 수가 있으니 다음부터는 몰라도 답지를 보고 쓰지 말도록 당부했다.

거짓말을 할 수 없는 강력한 증거 '아래 참조!'가 나에게는 행운이었다. 윤지는 그 뒤에도 본인이 잘못한 일을 엄마에게 비교적 솔직하게 털어놓는 계기가 되었기 때문이다.

이렇게 저학년을 얼렁뚱땅 보낸 윤지는 슬슬 수학이 어려워지는 초등학교 4학년이 되었을 때, 세 자리 수 나누기 두 자리 수를 계산하는 것이 도무지 이해가 안 간다고 하더니, 급기야 단원평가에서 60점을 받아왔다.

그랬던 윤지가 고등학교 3학년 때는 수학이 가장 자신 있는 과목이라 당당하게 말하고, 수학을 못 하면 불가능했을 생화학을 전공한 후 의학전문대학원을 거쳐 현재 레지던트 과정에 있다. 초등학교 때의 수학 점수 때문에 '우리 애는 수학을 못 하는 아이야', '우리 아이는 수학에 재능이 없나 봐'라고 수학의 출발선에 선 아이를 시작도 하기 전에 엄마가 포기하지는 말았으면 좋겠다. 많은 엄마들이 수학을 두려워한다. 이미 다가와 있는 AI 시대에도 우리 아이가 살아남으려면 수학을 엄청나게 잘해야 할 것 같은데, 그런 능력이 없다고 생각하기도 한다.

그러나 시간이 흘러도 수학의 본질이 변함없듯, 효율적인 수학 학습의 기본 틀 또한 변하지 않았다. 만약에 초등학교 저학년 때 시작하지 못하고 고학년을 코앞에 두고 있다 하더라도 당장 시작한다면 늦지 않는다. 수학은 꾸준히 두드리기만 하면 언젠가는 열리는 문이다. 초등학교 시절에 엄마가 어떻게 수학으로 인도해 공부 습관을 잡아주느냐에 달렸다.

"전문가들이 많은데, 엄마가 괜히 끼어들어서 아이 망치면 어떡해요?"

사실 이 말도 맞는 말이다. 어떨 때 보면 아이를 잡는 엄마들도 상당히 많다. 숨 막히게 스케줄을 짜거나, 학원에서 무엇을 배웠는지 캐물어서 대답을 못할 때 아이를 야단치거나, 성적이 기대에 못 미치면 짜증을 내거나! 좋은 학원, 아이에게 맞는 선생님만 찾아주는 정보력만 있으면 된다고 생각하는 엄마들도 많다.

학원에서 얼마 전 방학특강 수업 중, 한 아이가 쉬는 시간에 아이들과 사소한 다툼을 하고선 수업이 시작되었는데도 계속 울어서 수업을 진행할 수 없었다. 나는 아이를 달래서 수업에 들어갈 수 있게 해주려고 했지만, 아이는 계속해서 울기만 할 뿐이었다. 이 상태라면 수업이 불가능할 것으로 보여 "엄마께 전화 드려서 남은 수업은 하지 말고 집에 갈까?"라고 아이에게 물었다. 아이는 고개를 절레절레 흔들며, 엄마에게 절대 전화하지 말라고 당부했다. 수업에 들어가긴 할 건데, 지금은 속상해서 못 들어가겠다는 것이다. 울면서도 묻는 말에 꼬박꼬박 대답하는 아이는 수업에 안 들어갈 구실을 찾고 있었다. 아이의 스케줄은 살인적이었다. 정규수업에 방학특강 두 개까지 합하여 수학학원만 주 4회, 배우는 양뿐 아니라 과제도 많으니 버티기가 힘들었던 것이다.

"어려운 특강 두 개를 하니까 힘들지?"

"다른 특강은 그래도 괜찮은데 오늘 특강은 너무 어려워서 무슨 말인지 하나도 모르겠어요."

"그럼, 엄마에게 말해서 특강 하나만 하는 건 어때?"

"그래봤자 엄마가 또 다른 공부를 시킬 것이기 때문에 말 안 해요."

아이는 완강하게 "그래봤자 우리 엄마한테는 안 통해요. 그냥 할래요"라는 말만 반복했다.

나는 아이에게 엄마도 네가 힘들어하는 것을 원하지는 않을 테니 더 힘들면 엄마에게 네 의견을 꼭 말하라고 했다. 아이는 그 후로 평가 시험 점수가 잘 나올 때면 꼭 나에게 가져왔고, 나는 그때마다 칭찬을 해주었다. 아이는 자신이 막무가내로 떼를 쓸 때 엄마에게 무조건 전화하지 않고 자기의 이야기를 들어주고 자신이 엄마에게 말할 용기를 주고, 기다려준 나를 신뢰했다. 아이와 나는 마치 깐부 같은 사이가 되었다.

이렇게 때론 엄마 욕심으로 아이를 힘든 상황에 몰아넣기도 한다. 그러나 이런 경우를 제외하면 아이의 마음을 어루만져 책상 앞으로 이끄는 사람도, 공원으로 피시방으로 말썽꾸러기 아이를 찾아다니며 학원으로 이끄는 사람도, 숙제가 뭔지도 모르는 아이를 어르고 다독여서 숙제를 시키는 사람도 엄마다. 한 마디로 엄마란 자식 앞에서 극한 직업 매니저다. 이 세상에서 쉽게 크는 아이는 없다.

그리고 그 매니저에게 가장 필요한 덕목은 바로 소통 능력이다. '엄마는 언제나 내 말을 들어준다'는 아이의 신뢰를 얻을 때 비로소 매니저의 길이 열린다.

질문 하나의 힘

아이가 수학 공부에 첫발을 내디딜 때 엄마의 목표는 작고 소박할수록 좋다. 나만 해도 수학을 잘하는 아이가 아닌 수학을 좋아하는 아이가 되었으면 좋겠다는 마음으로 시작했기에 아이들과 시간을 재미있게 보낸 것 같다. 수학을 잘하는 아이로 만들려고 하면 욕심이 들어가고, 그러면 다른 아이들과 비교하게 되고, 점수도 신경 쓰이게 된다.

여기에 엄마의 선입견도 한몫한다. '난 수학을 못했어'라고 생각하면 수학이 왠지 두려워진다. 그리고 이런 마음은 아이에게 그대로 전해져 무거운 부담이 된다. 마음의 그릇을 비운다는 것, 그리고 그 그릇도 크기가 작아야 한다는 것이 시작할 때의 자세다. 그러니까 마음 편하게 재미있게 보내기 위해서 무엇을 할까를 생각하라는 말이다.

수학에 재미를 느끼게 하는 가장 좋은 방법은 아이의 호기심을 잔뜩 자극하는 것이다. 재미있는 질문 하나는 꼬리에 꼬리를 물고 호기심을 불러일으킨다. 이 호기심이야말로 모든 지적 활동의 씨앗이다. 에너지가 넘쳐 통통 튀는 아이들의 시선을 호기심으로 이끌어 싹을 틔우고 열매를 맺게 해주면 된다.

우리 아이들이 어릴 때 내가 아이들에게 한 일은 수학과 실생활이 얼마나 밀접하게 연관되어 있는지 적재적소에서 이야기를 해주는 것이 거의 전부였다. 자동차 번호판을 보고 어떤 규칙이 있을지 이야기하고, 계단이 몇 개쯤일 것 같은지 물어보고, 마트에 간다면 집에서 마트까지 몇 걸음이나 될까, 얼마나 걸릴까 같은 일상적인 이야기를 했다. 아이 스스로 수학은 쉽고 재미있을 뿐만 아니라, 일상생활에서 중요하게 쓰이고 있는 멋진 학문이라는 것을 발견하도록 말이다. 일상에 수학이 녹아 있는데, 무엇을 더 이야기하겠는가!

그러면 아이도 말이 많아진다. 저 나무에 달린 나뭇잎은 얼마나 무거울까, 나뭇잎의 개수는 몇 개일까, 따위의 질문을 한다. 이러한 질문은 나중에 보니 건축가 가우디가 했던 질문이다. 학교에 가다 말고 길에 서서 비스듬히 서 있는 나무들을 바라보며, 나무가 받는 힘의 크기를 어렴풋이나마 생각한 것이다. 그리고 그는 커서 실제로 실험을 하면서 하중을 계산해내었다. 복잡한 계산은 못하더라도 그런 호기심어린 생각은 할 수 있다. 그리고 그런 생각들은 어느 순간 더 큰 그릇으로 성장하게 해준다.

엄마의 오늘 하루 목표는 아이가 관심 가지는 분야를 잘 살펴서 재미있는 질문 하나 하는 것을 넘어서지 않았으면 한다. 아이를 생각의 폭을 넓혀줄 세계로 이끄는 것은 바로 이런 질문 하나하나의 힘이다. 엄마가 다소 엉뚱한 질문을 하면 아이들은 재미있으니까 관심을 보일 것이다.

"아침에 일어나라고 시계가 깨우지? 시간은 어떻게 만들어졌을까?"

"시간은 12시까지 있고, 분과 초는 왜 60까지 있을까?"

"배고프면 왜 기운이 없지? 그런데 밥을 먹으면 왜 힘이 날까?"

"밥 한 공기는 얼마나 힘을 내게 할까?"

"밥 한 공기와 도넛 한 개의 칼로리는 어느 쪽이 더 높을까?

"자동차를 타고 여행할 때, 왜 어떤 고속도로에서는 110킬로미터로 가고 다른 어떤 고속도로에서는 100킬로미터로 갈까?"

"마트에 가면 카드로 과자를 사지? 과자를 기계에 댔을 때 어떻게 과잣값이 숫자로 튀어나오는 걸까?"

수학만큼 상상력을 자극하고 실생활에 유용한 학문도 없다. 우유를 좋아한다면, 우리나라 사람들이 하루에 마시는 우유의 양은 얼마나 될지 한번 생각해보라고 하는 것처럼, 많고 많은 양을 머릿속에 떠올리는 것만으로도 단위의 세계에 접근하는 문을 여는 일이다. 자동차로 여행할 때 목적지까지 가려면 기름이 얼마나 필요한지를 알려주는 것도 수학이다.

세계 최고의 부자라는 일론 머스크나 빌 게이츠도 수학이 없었다면 부자가 되지 못했고, 심지어 농부 아저씨도 돈을 벌지 못할 것이다. 농산물을 크기와 무게로 분류해서 담는 것도 수학이 없으면 할 수 없기 때문이다. 생활 속의 수학 이야기는 화수분이다. 아무리 이야기를 해도 계속 나온다.

그러다 보면 반대로 아이가 엄마에게 엉뚱한 질문을 할 수도 있다. 엄마가 그 질문에 대한 답을 알아야 할 필요는 없다. 아이가 대답하기 어려운 문제에 관심을 둔다면 아이와 지식 검색을 해보거나 도서관에 가서 답을 찾아내는 과정을 함께 겪음으로써 수학에 재미를 느끼게 할 수 있다.

인간은 눈을 뜰 때부터 잠자리에 들 때까지 수학 속에서 살고 있다. 따지고 보면 세상은 온통 수학투성이다. 정글에 사는 원시 부족도 자신의 사냥터를 기억하는 방법으로 지형지물을 이용해 좌표를 만든다. 이 수학투성이 세상을 조금씩 생각하게 하는 것만으로도 충분하다.

끈기 있는 엄마가 성장형 아이로 키운다
-

간혹 있는 떡잎부터 다른 아이들은 어디를 가나 눈에 띈다. 그러나 가능성을 품은 아이들은 평범한 얼굴로 우리 주변에 숨어 있다. 때로는 공부 잘하는 언니나 오빠에 치인 모습으로, 때로는 엉덩이를 의자에 붙이지 않는 활동적인 아이의 모습을 하고 있다.

큰아이는 어릴 적부터 유난히 사물을 수와 연관시키는 것을 좋아했다. 자기만 보는 일기장에서조차 수학적 표현을 즐겨 했을 정도다. 큰아이가 수학 감각이 좋았던 것과는 달리, 둘째 아이는 늘 오빠의 그늘에 가려지곤 했다. 수학학원 원장이자 엄마인 내 눈에도 윤지는 수학적 감각은 없거나 보통으로 보였다. 왜냐하면, 곱셈과 나눗셈 등 계산력 문제에서도 어려움을 겪었기 때문이다.

우여곡절을 겪으며 윤지는 평범하다 못해 자칫 수포자가 될 뻔한 위기를 무사히 넘겼다. 중학교에 가서는 외고에 간다고 준비를 하다가 실패하는 바람에 또 한 번의 가슴앓이를 했다. 그러나 확실한 것은 초등학교 때보다는 중학교 때, 중학교 때보다는 고등학교 때, 고등학교 때보다는 대학교에서 더 발전된 모습을 보여주었다는 사실이다.

"넌 성장형 아이야!" 늘 말했던 대로 윤지는 성장형 아이임을 스스로 증명했다.

"지금 모르는 것은 부끄러운 게 아니야. 모르면서 배우려 하지 않거나 모르면서 아는 체하는 것이 부끄러운 것이지. 몰라서 배우는 거니까 조급하게 생각하지 말고 꾸준히 하면 돼."

사실 아이들 중에는 초등학교 때 수학을 아주 잘하다가도 중·고등학생이 되어 점점 성적이 떨어지는 경우도 있고, 초·중학생 때 평범해 보였는데 나중에 명문대학을 진학하는 경우도 있다. 나는 이렇게 상반되는 아이들 이야기를 윤지에게 들려주며 너도 점점 더 잘하는 후자의 아이처럼 될 거라고 격려해주었다.

윤지는 초등학교 4학년 때 60점을 받아왔을 뿐 아니라 교내 경시대회에서 장려상조차 받아본 적이 없다. 그러나 윤지가 보여준 결과로, 아이들의 가능성을 엄마가 제한하면 안 된다는 사실을 깨달았다.

사실 그렇다. 윤지에게 말한 대로 초등학교 때보다 중학교 때 더 잘하면 된다. 고등학교에 가면 포기하지 않고 끝까지 도전하는 아이들이 더 잘한다. 수학은 어떻게 마음을 먹고 준비하느냐에 따라 달라진다. 마라톤과 마찬가지로 마지막까지 달리는 것이 중요하다. 결승점에 다가갈 때까지 공부한 내용을 충실히 복습해서 실력을 유지하는 것은 점수를 지키는 전략이고, 거기에 조금씩 실력을 쌓아가는 것도 점수를 높이는 전략이기 때문이다.

평범한 아이들을 어떻게 성장형 아이로 키울 수 있을까? 그 비결은 바로 엄마가 아이의 가능성을 믿고 포기하지 않는 것이다. 엄마의 끈기가 끈기 있는 아이로 자라게 하는 자양분이다. 매일 조금씩이라도 어제보다 발전한 모습이 쌓이고 쌓이는 축적의 힘을 믿어보라.

2

엄마의 리액션이
아이를 바꾼다

성취감을 높이는 마법의 말

지치지 않고 자기 분야에 집중하는 사람들은 나중에는 반드시 성공한다. 많은 사람이 그 사실을 안다. 그러면 지치지 않게 하는 요령은 없을까? "이것만 해놓으면 게임하게 해줄게!" 같은 회유나 "이것 안 해? 한 달간 휴대폰 정지시킬 거야!" 같은 협박이 아니다. 게임에 한번 맛을 들인 아이라면 당연히 공부보다 게임을 더 좋아할 것이다. "공부하고 나서 게임해라"라는 말은 공부를 싫어하게 만들 수 있다. 공부와 게임을 비교하는 것 자체가 잘못된 것이다. "공부 다 해놓고 네가 하고 싶은 것 해라"도 어떻게 보면 반강제성을 띤 말이다. 이러한 말은 반발심만 키운다.

가장 좋은 방법은 공부를 통해서 스스로 성취감을 느끼게 하는 것이다.

"이 문제는 꽤 어려운데 어떻게 풀었니? 참 대단하구나!"

이런 칭찬을 통해 성취감을 느끼도록 자극하는 게 가장 좋다.

"오빠는 엄마의 프라이드지만 난 엄마의 프라이버시지?"라던 윤지의 표현을 빌리면, 우리집의 숨기고 싶은 성적표, 일명 '프라이버시'였던 둘째 아이를 프라이드로 변신시킨 것도 바로 이 한마디였다. 나는 무려 11년 동안 이 말을 했다! 고등학생쯤 되면 "잘했다!", "대단한걸" 같은 말들이 기를 살려주기 위해서 하는 말인 줄 아이도 안다. 그러나 그런데도 기분 좋게 받아들인다.

그러니 아직 어린아이들은 이 말을 어떻게 받아들이겠는가. 스스로 대단하다고 생각하고 열심히 또 다른 칭찬을 받기 위해서 노력하게 된다.

초등학교 과정에서는 성적표에 등수가 나오지 않는다. '참 잘했어요, 열심히 했어요' 같은 말로 나온다. "좀 더 노력했으면 좋겠다" 같은 표현을 하지, "수학 교과가 부진하다" 하는 식으로 기죽이는 말은 선생님들도 하지 않는다. 물론 고학년쯤 되어 학원에 다니면서 테스트를 받다 보면 자신의 성적이 어느 정도인지 파악한다. 그러다 중학교에 가면 프라이버시와 프라이드의 명암이 확실히 갈린다. 명확하게 등수가 나오진 않지만 아이의 원점수와 평균, 표준편차를 이용해 등수를 유추해볼 수 있기 때문이다.

이런 이유로 노력하는 기쁨을 어릴 때부터 맛보게 하는 것이 필요하다. 성적표는 성취감을 눈으로 확인하는 계기가 될 수 있다. 이왕 시작한 공부라면 상위권 진입을 목표로 하는 것이 좋다. 수학 공부는 마치 등산할 때와 같다. 산행을 많이 해본 사람은 늘 선두 그룹에 끼려고 한다. 한번 뒤처지면 계속 뒤처져서 따라가기 힘들기 때문이다. 조금 힘들지만 앞서가면 덜 지친다. 어느 정도 산에 오르다 보면 누구나 한계 상황이 온다. 이때 선두 그룹이 가진 특권은 먼저 쉴 수 있다는 것이다. 중간 그룹이 올라올 즈음, 선두 그룹은 이미 다 쉬고 다시 산을 오른다. 당연히 맨 뒤의 그룹과는 많은 차이가 난다. 한번 선두 그룹으로 산에 올라가본 사람들은 힘들더라도 다음 산행에서도 선두 그룹에 끼려고 한다. 선두 그룹에 한번 끼면 거기에서 이탈하지 않으려는 오기가 생기기 때문이다.

수학이나 영어처럼 단기간에 결정 나지 않는 과목들은 대부분 선두 그룹이 정해져 있다. 초등학교 저학년 때까지는 선두 그룹이 엎치락뒤치락할 수 있지만, 중학교에 들어가고 고등학교에 들어가면 어지간해서는 바뀌지 않는다. 따라서 초등학교 저학년 때 실력을 어느 정도 다져서 상위권을 유지하도록 자신감을 심어주어야 한다. 좋은 공부 습관은 좋은 결과를 가져오게 마련이다.

그렇다고 역전이 없는 것은 아니다. 웬만하면 노력해서 얻어지지 않는 것은 없다. 그리고 이때 힘을 내게 하는 마법의 말은 "니 참 대단하구나!"이다. 실제 좋은 성적을 낸 것도 대단하고, 성적이 좋지 않다가 역전을 한 것은 더욱 대단하다. 칭찬을 받아 마땅한 상황에서 "너 참 대단하다"라는 칭찬은 '프라이드'로 이어진다. 칭찬을 받을 수 없는 상황에서 "너 참 대단하다"라고 하는 말은 아무런 감동이 없다. 하지만 이 말은 상위권이 아니었지만 노력했던 윤지에게, 학원에서 만난 수많은 선두 그룹이 아니지만 노력했던 아이들에게 진정한 프라이드를 발견하게 해준 말이었다.

매일 조금씩, 지치지 않게
-

유대인은 초등학교 입학 첫날 꿀로 쓴 알파벳을 핥아먹는 것으로 공부를 시작했다고 한다. 배움은 꿀처럼 달콤하다는 것을 아이에게 출발점부터 맛보게 하는 것이다. 아이들이 기쁨으로 재미로 받아들일 수 있는 쉬운 것부터 차근차근 조금씩 이끌다 보면, 실력은 어느새 커다란 눈덩이가 된다.

    수학 공부는 수포자가 안 되는 것만으로도 이미 성공한 것이다. 어릴 때부터 수포자가 되면 안 되는 이유는 수학을 포기하는 순간, 그 아이는 생각을 멈추는 아이가 되기 때문이다.

    영국의 옥스퍼드대 실험심리학과 연구팀은 같은 환경에서 자란 학생들을 대상으로 수학 교육이 뇌 발달과 인지능력에 미치는 영향을 분석한 적이 있다. 수학 공부를 중단하면 추론이나 문제해결력이 떨어질 것은 누구나 예상할 수 있다. 그런데 여기에 더해 수학 공부 중단이 기억력 등 인지기능 전반에 영향을 미친다고 나타났다. 인지기능에 영향을 미치는 물질이 수포자에게 더 적은 것이다. 사실 이들 물질이 적어서 수포자가 된 게 아니라 처음에는 같았지만 수포자가 되는 순간, 더는 생성되지 않는 것이다. 머리를 안 쓰기 시작하면 머리는 안 쓰는 쪽으로 굳어져간다. 모든 아이가 수학을 좋아할 수는 없지만 적어도 포기하지 않게끔 엄마가 이끌어야 한다.

초등학생 때 보면 대부분은 수학을 잘하는 학생이 다른 과목의 성적도 좋다. 인지능력과 두뇌발달 덕이라고 봐도 무방하지 않을까 싶다. 성장할수록 수학을 포기하지 않고 점점 더 잘하게 하는 방법은 하루에 '조금씩' 양을 정해서 '차근차근' 진행해가는 끈기가 중요하다. 양은 적지만 하루도 빼놓지 않으려고 노력해야 한다. 이렇게 하면 수학 공부가 지겹지도 힘들지도 않다. 반대로 수포자를 만드는 길은 너무나 분명하다. 한꺼번에 많이, 아이가 지칠 만큼 주는 것이다.

아이가 공부를 시작할 때 엄마가 어떻게 하느냐에 따라 공부를 하고 싶어 하기도 하고 공부에 흥미를 잃기도 한다. 어른들 10명 중 9명은 '공부는 지겨운 것', '공부는 힘든 것'이라고 생각한다. 하지만 아이들은 오히려 '나는 어려운 공부를 하고 있다'라는 자부심을 가질 수도 있다. 주변에서 "그 어려운 수학을 공부하네!"라고 기운을 북돋우면 아이들은 은근히 우쭐해한다. 그 부추김 때문에 더욱 열심히 공부하기도 한다.

어쩌면 엄마들은 '성적을 높이기 위해서 어떤 문제집을 얼마나 풀게 할까?' 궁리하기보다 '어떻게 하면 재미있게, 지치지 않게 아이를 이끌어갈까?' 고민해야 한다. 당연히 수학 공부를 시킬 때도 아이가 재미있어하는 방법으로 유도해야 한다.

도형 문제를 풀 때면 도형을 이용한 퍼즐 맞추기를 하거나 소마큐브 또는 테트리스 퍼즐 맞추기 같은 장난감을 이용해 가르치면 재미있어하는 것처럼, 엄마의 의지에 아이디어가 더해지면 아주 재미있게 수학에 접근할 수 있다.

처음부터 아이에게 학습지나 문제집 풀기 숙제를 내줄 때도, 때때로 오늘은 주사위를 던져 나오는 숫자만큼 풀자고 약속하고 주사위 던지기를 하면 긴장감도 있고 재미도 있다. 매일 세 장씩 문제를 풀기로 했다면 아이로서는 손해 볼 게 없다. 주사위를 던져 1이 나오면 1페이지만 풀면 되니 얼마나 행운인가? 물론 그런 날은 엄마가 통 크게 인심을 쓰는 것이다. 마치 보너스를 주듯이……. 6이 나온다 해도 6페이지 즉, 세 장이니 아이도 엄마도 어느 쪽도 손해는 아니다. 기분 좋은 날 아이가 "오늘은 주사위 던지기 안 해요?"라고 물으면 "오늘은 숫자 카드 뽑기로 할까?"라고 방법을 바꿔보면 어떨까? 아이와 게임하듯 놀이하듯 수학 공부를 시켜보라. 언젠가 "나는 수학 공부할 때가 제일 행복해요"라고 말할지도 모른다.

능동적 몰입을 위한 무기

-

공부는 단언하건대 습관이다. 엉덩이를 의자에 붙이는 힘이 공부하게끔 끌고 간다.

'얼마나 오래 책상 앞에 앉혀놓아야 하지?'

공부 습관을 들인다고 하면 다들 이런 의문을 품는다. 답은 아이마다 다르다. 30분, 40분씩 앉아 있는 아홉 살짜리도 있지만, 5분도 앉아 있기 힘든 열 살짜리도 있다.

책상에 오래 앉아 있는 것과 집중하는 것은 또 다르다. 게임을 하거나 만화 프로그램을 볼 때는 집중력이 좋은데, 공부할 때는 집중을 안 한다고 말하는 엄마들이 있다. 하지만 게임이나 만화 프로그램은 자신의 의지와 상관없이 빠져들게 한다는 사실을 알아야 한다. 게임이나 만화에 빠져드는 건 빠져들게끔 시각적, 청각적 자극이 끊임없이 가해져 아이가 따르고 있을 뿐이다. 이런 데 익숙해지면 자극이 없는 것에 무덤덤해진다. 따라서 게임이나 만화는 집중해야 할 대상이 아니라 절제해야 할 대상이다. 집중력과 절제는 전적으로 엄마가 길러주어야 한다. 진중하게 앉아 있는 것은 집중하는 시간과 비례한다.

그렇다면 집중력을 키워주기 위해 어떻게 하면 좋을까? 정답은 아이들이 좋아하는 놀이부터 시작하는 것이다. 학년에 상관없이 미로찾기나 숨은그림찾기, 보드게임이나 퍼즐 등을 하면서 재미를 느끼게 한다. 이런 게임은 수학의 정답 찾기와 비슷하다. 출구를 찾아 헤매다 마침내 미로를 탈출하면 그때 느끼는 성취감이 있다. 이러한 성취감은 또 다른 도전을 부른다. 엄마와 아이가 숨은 그림을 누가 빨리 찾는지 내기를 해도 좋고, 힘을 합쳐 100조각, 500조각짜리 직소 퍼즐을 완성하는 것도 집중력을 기르고 성취감을 맛보는 데 좋다.

게임이나 만화 영화를 좋아하게 하느냐, 미로찾기나 숨은그림찾기를 좋아하게 하느냐? 이것은 엄마의 선택에 달려 있다. 요즘 학생들은 중학교 때를 전후해 유튜브나 컴퓨터 게임, 웹툰 등에 빠져든다. 황금 같은 시간을 소모하지 않으려면 초등학교 때부터 바람직한 방향으로 호기심과 집중력을 길러주어야 한다.

아이가 흥미를 보이는 분야에 지속해서 의미 있는 경험을 직접 하고, 시행착오를 겪으며 뭔가를 발견하고, 그것에서 성취감을 느낀다면 아이들은 점점 더 그 일에 흥미를 느끼며 다시 그 이상의 단계에 도전하려고 든다. 이렇게 타이밍을 잘 살펴 선순환의 사이클을 만들어주는 것! 그것이 강력한 학습 동기를 유발하는 계기가 된다.

고학년 아이들 중에는 문제집을 풀면서 끊임없이 혼잣말을 하거나 주위 소음에 반응을 하거나 친구들과 장난치는 아이들이 있다. 이런 아이들은 집중력이 약하고 산만한 아이들이다. 문제집을 풀고 있으니 집중하는 것 아니냐고 하는데, 그렇지 않다. 이런 태도를 고쳐야만 실수도 적고 집중력도 높아진다. 진득하게 책상에 앉아 있는 훈련이 안 된 아이들의 집중력을 높이는 가장 좋은 방법은 본인이 좋아하는 책을 들고 책상에 앉게 하는 일이다.

고등학교 진학을 앞둔 중학생 재혁이는 수학은 물론 다른 과목도 거의 하위권이었다. 집중력도 기초 실력도 없는 아이의 집중력을 기르기 위해 나는 방학 동안 독서실에 한 달 등록하게 했고, 일주일 동안은 잡지든 소설이든 만화든 좋아하는 책을 독서실에서 읽고 싶을 때까지 읽고 오라고 했다. 아침 먹고 가서 한 시간이건 두 시간이건 책을 읽다가 졸리면 책상에서 자도 되고, 점심 먹으러 집에 가서는 좀 놀다가 다시 독서실에 가서 책 읽기를 반복하라고 했다. 재혁이는 사극 드라마를 좋아하다 보니 역사에 관심이 있었다. 그래서 역사책도 읽으면서 일주일을 보냈다. 2주째부터는 교과서를 펼쳐서 10분이건 20분이건 읽을 수 있는 시간만큼 읽게 했다. 눈치챘겠지만 한 달 후에는 재혁이가 책상에 앉아 있는 시간이 늘고 집중력이 좋아졌음은 당연한 일이다. 재혁이 사례는 초등 고학년이든 중학생이든 공부를 하고자 하면 습관 잡기가 선행되어야 하며, 습관 잡기에 적당한 때는 바로 지금이라는 것을 알려준다.

집중하는 습관을 기르는 동안 엄마가 해야 할 일은 칭찬과 격려를 아끼지 않는 것이다.

"아니, 그렇게 오래 책상 앞에 앉아 있었니? 오늘은 우리 아들이 책상 의자랑 엄청 사이가 좋은걸! 떨어지기 싫은가 봐!"

나이 많은 아이나 적은 아이나 할 것 없이 '칭찬과 격려'는 자신감을 길러줄 뿐 아니라 공부하려는 의욕을 불러일으킨다. 공부하는 습관 들이기에 이보다 더 강력한 무기는 없을 것이다.

나는 집중력이란 '자신이 집중해야겠다고 마음먹었을 때, 또는 그다지 하고 싶지 않은 상황에서도 자신의 의지로 몰입하는 힘'이라고 생각한다. 의지가 동반된 능동적 몰입이다. 절제 또한 그만두어야겠다고 생각할 때 아쉽지만 그만둘 수 있는 의지라고 생각한다. 의지가 동반된 성숙한 제재다.

― 3 ―

초등 수학 공부의 심리학

신뢰라는 감정 계좌에 잔고 늘리기
-

공부는 아이가 어리면 어릴수록 엄마와 아이의 관계에 많은 영향을 받는다. 관계가 좋을수록 끌어주기가 가능해서다. 좋은 관계를 유지하기 위해서는 서로에 대한 믿음이 있어야 한다. 당연한 말이지만 아이와 한 약속은 아무리 사소하더라도 지켜야만 신뢰가 쌓인다. 공부를 시킬 때 어르고 달랠 욕심으로 최신 버전 핸드폰으로 바꿔 사주겠다, 게임 시간을 주겠다, 야구관람 가겠다, 캠핑을 가겠다 등 아이가 좋아할 만한 내용으로 약속을 한다.

만약 약속을 지키기 힘든 상황이라면 어떻게 해야 할까? 반대로 갖고 싶은 물건이 탐나서 과제를 대충하거나 눈속임을 하는 등 아이가 약속을 성실히 지키지 않은 경우라면? 시간이 흐르면서 다양한 변수가 생길 수 있다.

"일주일 동안 문제집 다 끝내면 네가 좋아하는 건담 로봇 사줄게"라고 큰아이에게 약속한 적이 있다. 그런데 아이가 깜박하고 하루치를 밀렸다가 마지막 날 한꺼번에 풀었다. 다 풀었다기보다 거의 빈칸 채워 넣기 수준이었다. 글씨는 엉망이고 틀린 문제가 더 많았다. 순간 나는 고민하기 시작했다.

"하루 분량을 미뤘고 성실하게 푼 게 아닌데 약속을 들어주면 계속 이런 습관이 배지 않을까?" 이런 버릇을 예방하려면 건담 로봇을 사주지 않는 것이 옳을 것 같았다. 하지만 나는 사주었다. 어찌 되었건 아이는 일주일 만에 문제집을 끝냈고, 문제를 많이 틀리면 안 된다는 조항은 약속에 없었기 때문이다.

이 선물은 약속을 잘 지킨 것에 대한 보상이 아니라, 다음번 약속을 잘 지키게 할 당근이었다. 반대 입장을 한번 가정해보자. 내가 아이에게 하루치를 미뤘고 글씨도 엉망이어서 건담을 사줄 수 없다고 선언했다면, "일주일 안에 다 풀었는데, 그런 게 어딨어?"라고 강하게 반발했을 것이다. 더욱 나쁜 건 다음번에 아이가 엄마의 높은 기준에 맞출 수 없을 것 같다고 지레 포기할 수도 있다.

아이들이 엄마를 신뢰하지 않으면 엄마의 밀도 권위를 상실한다. "엄마는 약속을 지키지 않으면서 나한테만 지키라고 한다"면서 반항심만 키운다. 아직 어릴 때는 엄마의 강압적인 태도가 통할지 모르지만 절대로 오래가지 않는다. 초등학교 고학년만 되어도 "알았어요. 할

게요"라고 건성으로 대답하고는 그냥 무시해버린다. 뒤늦게 티격태격 해봐야 이런 습관은 좀처럼 고쳐지지 않는다.

아이 중에 좀 어렵고 귀찮은 문제가 나오면 "선생님, 여기부터는 집에 가서 숙제로 꼭 해올게요"라고 도장 찍고 사인까지 하고 갔지만, 다음 날이면 안 해오는 아이들이 있다. 깜빡해서, 아빠와 외식하느라 등 안 해온 이유도 다양하다.

이런 늑대소년을 만들지 않으려면 어릴 때부터 부모가 신뢰할 만한 행동으로 본을 보여야 한다. 스티븐 코비는 《성공하는 사람들의 7가지 습관》이라는 책에서 정직하고 약속을 잘 지키는 사람들은 감정은행 계좌에 신뢰를 저축하는 것과 같다고 말한다. 감정은행 계좌란 인간관계에서 구축하는 신뢰를 은유적으로 표현한 것인데, 감정 계좌에 잔고가 많을수록 신뢰도가 높아서, 설사 한두 번 실수하더라도 그 실수를 상쇄할 수 있다는 것이다.

반면 부모와 자녀 간 감정 계좌가 바닥나거나 마이너스가 되면 어떤 말을 해도 상대방을 믿지 못하는 상황이 될 수도 있다.

꾀부리지 않는 아이로 키우기

아이들이 떼를 쓰는 이유는 자기 뜻을 관철하기 위해서다. 희한하게도 떼를 쓰면 통할 만한 타이밍에 떼를 쓴다. 공공장소에서 혹은 다른 사람 앞에서! 그러면 엄마가 평소에 안 들어주던 것도 들어주는 경험을 했기 때문이다.

아이들이 꾀를 부리는 것도 마찬가지다. 엄마가 허술하게 원칙을 지키지 않는 순간, 아이는 땡땡이를 친다. 꾀를 부릴 만한 타이밍에 틈을 노리는 것이다. 통할 것 같지 않으면 절대로 꾀를 부리지 못한다.

공부 분량은 학습지가 되었건 책 읽기가 되었건 매일 할 분량을 정해주고 반드시 지키도록 해야 한다. 함께 공부하기로 했다면 그 시간 역시 매일 지키도록 한다. 명절이나 생일, 피곤함을 이유로 빼먹다 보면 하기 싫은 날이 점점 늘어나게 되고, 계획은 그저 계획으로 전락하게 된다. 이렇게 되면 공부 습관을 잡을 수도 없고, 실력 향상도 기대할 수 없다.

대체로 고집 센 아이를 통제할 사람이 아빠나 엄마 중 한 사람은 있어야 한다고 생각한다. 우리집에서는 그 역할을 내가 맡았다. 큰아이와는 대화로 대부분의 의사 결정을 했다면, 고집 센 윤지는 한번 고집을 부리면 아빠는 당해낼 재간이 없었다.

나는 원칙 앞에서는 물러섬이 없었다. 엄마의 원칙을 세워 지켜야 한다고 강조할 때는 '어떤 일이라도 안 통해'라는 경험이 있어야 막무가내 식 떼쓰기나 고집을 부리지 않는다. 물론 엄마 스스로 아이에게가 아니라 자신에게 엄격해질 필요가 있다. 아이에게는 원칙을 지키라고 하면서 자신은 수시로 원칙을 깬다면 아이에게 원칙을 지키라고 말할 명분이 없기 때문이다.

고집 센 아이는 의사 결정을 할 때까지 시간이 걸리지만 일단 본인이 결정한 일은 또 고집스럽게 잘 해내기도 한다. 물론 고집이 센 아이라도 아이와 대화를 통해 민주적으로 모든 의사 결정을 해야 함은 물론이다. 일방적으로 엄마의 결정을 강요하는 순간 아이와 신뢰는 깨진다.

그리고 아이가 하기 싫어하는 것일수록 아이의 의사를 더욱 존중해야 한다. 문제집을 한 권 추가할 때면 반드시 아이의 의견을 먼저 묻곤 했다.

"네가 계산력도 좋고, 지금 푸는 문제집도 아주 잘 푸는데 문제집이 조금 쉽지 않아?"

그러면 보통 "예"라고 답을 한다.

"문제집 푸는 데 걸리는 시간도 전보다 빨리 끝나네."

"예!"

"엄마 생각에는 조금 더 어려운 문제집을 하루에 두 쪽씩 더 풀었으면 좋겠는데, 어떻게 생각해?"

"예, 풀 수 있는데, 공부를 더 하는 건 싫어요."

"그래, 엄마도 지금 당장 어려운 문제집을 풀게 할 생각은 아니었어. 다음 주나 2주 뒤부터 풀면 어떨까 생각했지. 그럼 일주일 생각해보고 더 풀고 싶은 마음이 들면 이야기해줘."

내가 가장 많이 쓰는 아이와 협상하는 방법은 '지금 당장 하라는 이야기는 아니야!'이다. 아이가 마음의 준비를 할 시간을 기다려주면 아이도 충분히 생각하고 의사 결정을 하게 된다. 아무리 고집이 센 아이도 이렇게 자신의 의지가 반영된 결정이면 꾀를 부리지 않는다.

문제집을 추가하든, 문제집을 바꾸든 이 상황에서 최종결정권자는 엄마가 아니라 아이여야 한다. 만약에 아이가 끝까지 안 한다고 하면? 그때는 나도 그 말을 따랐을 것이다. 다만, 이렇게 자기 고집을 관철한 아이는 다음번 다른 상황에서 의견을 수용하는 편이다. 엄마가 한 번 양보하면 아이도 한 번 양보를 하는 수순. 자연스레 양보 한 번씩 주고받기가 이루어진 셈이다.

제대로 된 칭찬하기와 격식 있는 야단치기

말은 그 사람이 어떤 사람인지 알게 해준다. 아이에게 화가 나서 하는 말도 예외가 될 수 없다. 화가 나서 함부로 뱉은 말들은 아이와 엄마의 관계를 무너뜨리는 비수가 된다. 비언어적 표현 또한 마찬가지다. 무표정한 얼굴로 칭찬을 하거나 떨떠름하게 건성으로 응대하는 것은 아이의 자존감을 다치게 한다. 칭찬할 때는 칭찬 받을 일을 했을 때 확실히 하는 것이 좋다.

나는 아이를 칭찬할 때 될 수 있는 대로 할머니나 할아버지, 이웃집 아줌마들 앞에서 공개적으로 했다. 그러면 큰아이는 "오늘은 60쪽까지 다 푸는 건데요, 풀고도 시간이 남으니 두 쪽 더 풀게요"라고 자기 방에 있다가도 굳이 나와서 칭찬받을 행동을 하곤 했다. 나는 손님들이 돌아간 뒤에 다시 한 번 칭찬을 해주고, 아빠한테 이야기해서 한 번 더 칭찬을 듣게 했다. 칭찬의 릴레이를 들은 아이는 대부분 다시 칭찬을 받기 위해서 노력한다.

그러나 큰아이 용균이도 때로는 꾀를 부리고 흐트러진 모습을 보일 때도 많았다. 글씨는 괴발개발 써서 무슨 글자인지 알아보지 못할 정도였다. 때로는 거짓말로 야단맞을 상황을 모면하려다가 들키기도 했다. 준비물이나 실내화를 챙기지 않거나 종종 빠트리기도 했다. 야단칠 일이 생기면 그 전에 잘못한 일까지 머릿속에 떠올라 이것저것 들춰서 "넌 도대체 제대로 하는 게 뭐니?"라고 야단치곤 했다.

그때마다 아이는 오히려 반박하고 화를 냈다. 아이들도 본인이 명백히 잘못한 부분에 대해서 야단을 맞으면 수긍하지만, 엄마가 감정적으로 아이의 모든 행동을 비난하면 오히려 반발한다. 잘못한 일에 대해 야단을 치는 이유는 아이들의 잘못된 습관이나 행동을 바로잡기 위해서이다. 어떤 식으로든 아이의 감정을 상하게 하는 것은 문제를 해결하는 방법이 아닌 것이다. 아이의 행동 변화를 위해 야단치는 방법을 바꿔야 했다. 내가 바꾼 방법은 이것이다.

첫째, 야단칠 일을 했을 때는 그날 야단치는 이유를 말하고 야단친다. 이때 팩트에 근거해 잘못된 사실을 정확하게 짚어준다. 감정을 섞어 부풀리거나 같은 말을 반복하지 않는다.

둘째, 아이의 자존심을 건드리는 말이나 행동은 하지 않는다. 특히 아이의 친구나 동생이 있는 데서 야단치지 않는다. 아이들이 아무리 잘못했어도 엄마가 인격적으로 대하고 아이를 존중하는 태도를 갖는다.

셋째, 앞으로 고쳐야 할 점을 명확하게 말하고, 고칠 수 있는지 약속하게 한다.

아이의 행동을 변화시킬 또 하나의 비법은, 내 마음에 들지 않을 때나 아이가 사소한 잘못을 했을 때는 못 본 척 모르는 척 넘어가주는 것이다. 슬쩍 넘어가주기가 계속 야단치는 것보다 훨씬 효과적일 때도 있다. 습관이나 버릇을 하루아침에 바꾸기란 쉽지 않다.

엄마랑 바꾸기로 약속을 했어도 자기도 모르게 예전처럼 행동할 때, "또 이렇게 어질러놓았니? 꼭 지키겠다고 그렇게 약속한 지 얼마나 됐다고 아직도 약속을 안 지키니?"라고 말하는 대신 가끔은 보고도 못 본 척 살짝 넘어가준다. 오히려 "오늘 엄마는 이상하게 아무것도 안 보이네, 오늘은 아들 방에서 엄마가 아무것도 못 봤어"라고 말하면 아이는 "알았어요. 정리하려고 했어요. 이제 정리할게요"라며 정리하기 시작한다.

은근슬쩍 넘어가준 내 방식이 틀렸는지 모르지만 나는 지금도 그렇게 믿고 있다. 야단조차 소통 가능한 범위까지만 쳐야 한다는 것을.

기본기를 탄탄하게
수학 근육 키우기

1학년은 수학에 재미를 느끼는 학년, 2학년은 슬슬 공부하는 버릇이 잡히는 학년, 3학년은 고학년과 연결되는 학년으로 기초를 튼튼하게 잡아놓는 학년이다. 저마다 학년의 특성에 맞게 공부하기 전에 다져놓아야 할 기초가 있다. 수학 공부라는 커다란 운동장의 트랙을 돌 때, 지치지 않게 쌩쌩하게 돌 수 있는 체력! 그 체력을 만들기 위해서 아이의 매니저인 엄마는 무엇을 어떻게 준비해야 할까?

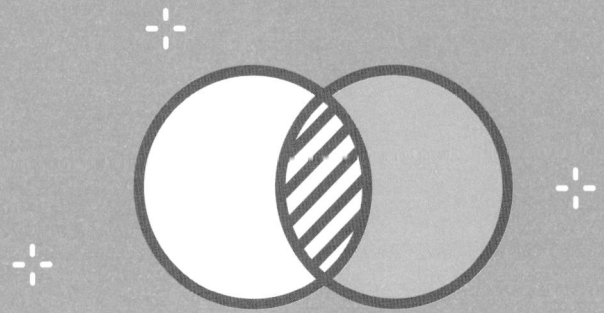

수학적 이해력을 확장하는 독서

융합 교육을 위하여

흔히 말하는 자기주도학습은 아이가 혼자서 책을 읽고 개념을 이해하거나 문제를 읽고 스스로 해결하는 것이다. 수학이냐 국어냐를 떠나서 모든 학습의 기본은 읽기에서 시작한다. 글자 읽기에서 출발하여 어휘력이나 문장의 의미를 이해하는 능력이 필요한 것이다. 초등학교 저학년까지는 국어에서 말하기의 중요 기능 중 하나인 의사소통 능력과 읽기 능력이 반드시 일치하지는 않는다. 간혹 "우리 아이는 한글도 다 읽을 수 있고 책도 많이 읽어요"라고 하는 아이들 중에도 문장 파악 능력이 현저히 떨어지는 아이들이 있다.

많은 부모가 수학은 이과적 사고, 독서는 문과적 사고를 갖고 태어나야 한다고 이해한다. 이과적 사고를 타고나면 독서를 하지 않아도 수학을 잘할 수 있을까? 수학과 독서는 어떤 관계가 있을까?

수학과 책 읽기는 생각하는 것 이상으로 관계가 깊다. 수학적 사고의 확장도 독서에서 시작한다. 수를 좋아하고 계산력이 뛰어나다면 수학의 여러 영역 중 일부를 잘하는 것에 불과하다. 저학년 때는 숫자를 빨리 익히고 덧셈, 뺄셈 등 계산력이 좋은 아이가 수학을 잘하는 것처럼 보인다. 그러나 고학년이 될수록 응용문제나 사고력 문제를 푸는 데 한계를 느낀다. 이때부터는 계산력만 가지고 문제를 해결할 수 없다. 추론하는 능력, 정보를 분석하는 능력, 추상화 능력, 문제를 이해하는 능력, 공간 지각 능력, 사고력 등이 종합적으로 필요한 과목이 수학이다. 무엇보다 그 문제가 무엇을 요구하는지 문맥을 정확히 파악해야 한다. 수학 공부에 필요한 문제 파악 능력을 길러주는 것으로도 책 읽기만 한 것이 없다. 어릴 때는 수학을 잘하게 하려고 문제집 한 권 더 풀게 하는 것보다 아이의 손을 잡고 도서관에 자주 가는 게 더 낫다.

특히 초등학교 때는 독서를 통해 통합교육을 할 수 있다. 책을 많이 읽은 아이는 논리적이며, 상식 및 이해력과 사고력이 풍부하다. 이해력을 기르는 가장 확실한 방법은 책을 읽는 것이다. 글자 너머의 것을 보는 것이 독서이다. 글자로 표현되지 않은 것을 읽어내는 능력을 기르는 것이 독서라는 뜻이다. 유추, 추론, 요약, 핵심 파악 등이 독서를 통해 이루어진다. '아는 만큼 보인다'라는 말처럼 상식이 풍부해진 아이는 더 많은 것에 관심을 두게 된다. 지적 호기심이 더 커지고, 그

호기심을 충족시키기 위해 더 많은 책을 읽게 되고, 그에 따라 지식의 폭은 더욱 확장된다.

게다가 독서는 수학으로 이끄는 길잡이 역할을 하기도 한다. 아이들은 수학을 재미있는 과목으로 여겨야 지치지 않고 계속 공부할 수 있다. 실제로 수학은 재미있는 과목이다. 수학과 관련된 책을 읽게 하여 수학에 대한 흥미를 불러일으키도록 한다. 수학적 법칙이 어떻게 발견되었는지, 수학자들의 생애가 어떠했는지 등을 이야기 형식으로 다룬 책들은 수학을 어렵게 생각하는 아이들에게 아주 좋은 길잡이가 된다. 책 자체를 재미없어하는 아이들이라도 관심 있는 분야의 책을 읽게 하여 독서에 흥미를 붙이도록 한다.

책은 어떻게 읽는 게 좋을까? 책 읽기를 싫어하는 아이에게는 처음에 엄마가 같이 읽어주는 게 좋다. 언제까지 책을 읽어줘야 하나 하는 생각에 책을 읽으라고만 한다면 아이는 책과 더 멀어질 수도 있다. 이런 아이와 책을 읽을 때는 글의 양이 많은 쪽은 엄마가 읽고, 글의 양이 적은 쪽은 아이에게 읽게 한다. 책을 선택할 때는 재미있는 내용으로 두께가 얇은 것으로 시작한다.

책을 읽을 때는 어릴 때부터 집중해서 읽는 버릇을 들이는 게 좋다. 건성으로 대충대충 읽거나 재미없는 부분은 건너뛰고 흥미 있는 부분만 골라 읽는 습관이 배어버리면 수학 문제를 읽을 때도 그런 습관이 나타난다. 문제를 꼼꼼히 읽지 않아 조건을 잘못 보거나 주어진 정보를 활용하지 못해 문제해결을 못하는 경우가 생기기 때문이다.

또, 독서의 중요성은 엄마든 아이든 책을 읽고 인생의 지표가 되는 문구 한 줄을 가슴에 품을 수 있다는 점이다. 나는 아이들에게 교육학자 전혜성 박사가 말한 '재승덕(才勝德)하지 말고 덕승재(德勝才)해라' 즉, 재능이 덕을 넘지 말고 덕으로 재능을 이겨야 한다는 말을 가슴에 품고 아이들과 대화했다. 용균이는 앤디 앤드루스의 《위대한 약속》이라는 책에서 '앞으로 살아가는 동안 뭔가 특별한 일을 하겠다고 서약하시겠습니까?'라는 문구를 가슴에 품고 진로를 결정할 때마다 꺼내 들었다. 책을 읽고 난 후 이런 좋은 문구나 내용으로 서로 대화했던 습관이 남아 있어, 아이들이 성인이 된 지금도 서로 좋은 책을 권하곤 한다.

균형 있게, 깊이 있게, 편식하지 않게
-

초등학교 시기는 생활에 필요한, 또 학습에 필요한 기본을 다지는 시기라는 생각에 두 아이에게 다양한 분야의 책을 읽게 했다. 책을 고르는 원칙이라면 아침저녁으로 차려주는 밥처럼 '균형 있게, 깊이 있게, 편식하지 않게'였다. 동화책은 전래동화, 세계명작, 국내외 창작 동화 등을 가리지 않았고, 위인전도 고대, 근대, 현대 위인전까지 골고루 읽게 했다. 과학 동화나 법 관련 동화, 철학 동화, 동시도 함께 읽었다.

책 읽기는 어릴 때부터 중학교 때까지 꾸준히 해온 최장수 '엄마표' 교육이다. 큰아이가 중학교 때는 경시 공부를 계속하는 것보다 다양한 책 읽기가 나중에 더 도움이 되지 않을까 하는 생각에서 오히려 경시 공부를 말리기도 했다.

책 읽기는 학교 공부에도 많은 도움이 되었다. 어릴 적부터 다양한 방면의 독서를 하다 보니 수학이 아닌 다른 교과목에 관한 별도의 공부가 필요하지 않았다. 학교에서 배우는 국어나 사회, 과학 등은 이미 알고 있는 상식에 조금만 더해서 공부하면 되었다. 이마저도 수업 시간에 듣는 것으로 충분했다. 그래서 나는 초등학교 때부터 시험을 앞두고 아이를 붙잡고 시험공부를 시켜본 적이 없다. 때론 한 과목에 몇 문제씩 틀린 적도 있지만 나는 용균이가 공부를 못한다고 생각한 적이 없다. 어휘력이나 논리적으로 말하는 능력, 사고력은 또래 아이들보다 월등히 높다고 여겼기 때문이다. 나의 믿음대로 용균이는 고학년이 될수록 두각을 나타내기 시작했다.

두 아이가 초등학교 졸업할 때까지 나는 일주일에 두 번씩 도서관에 가서 책을 빌려왔다. 아이들은 유달리 애착을 갖는 책이 있다. 그 책은 열 번, 스무 번도 읽는다. 아이가 좋아하는 분야, 관심 있는 분야에 대해서는 점점 더 깊이 있는 책을 스스로 찾아 읽게 된다.

내가 아는 3학년짜리 초등학생 경준이는 이렇게 깊이 있는 독서를 통해 특별한 인연을 맺으며 자신의 세계를 넓혀가는 경우다. 우주에 관심이 많은 경준이는 자신이 읽은 책의 저자인 교수님께 메일을 보냈다. 그러다 메일을 주고받으며 궁금한 것들을 묻고 대답하는 사이가 되었다. 교수님은 관련 자료들을 보내주기도 하고, 책을 소개해주기도 했다. 이렇게 경준이는 존경하는 저자의 특별한 독자 겸 제자가 되었다.

아이가 독서를 통해 탐구의 영역으로 깊숙이 들어가기 위해서는 좋은 독서 습관이 필요한데, 이때 아이의 손을 잡고 도서관에 데리고 갈 사람은 바로 엄마다. 이때 엄마가 해줘야 할 역할은 관심 있는 분야의 독서는 계속할 수 있게 하되 장르별 균형 잡힌 독서도 유지시켜줘야 한다는 것이다. 예를 들면, 이번 주에는 과학 책과 철학 동화, 다음 주에는 위인전과 창작 동화 등으로 순서를 배열하는 것이다. 이렇게 독서를 시키기 위해 도서목록을 만들기도 했다. 날짜별로 읽은 책의 제목, 저자, 출판사, 장르 구분 등으로 나누어 엑셀로 표를 만들어 놓으면, 어느 순간 다음 순서로 읽히고 싶은 책 목록까지 만들어진다. 아이들과 도서관에 다니던 그때가 지금 내가 기억하는 가장 행복한 순간 중 하나다.

재미있는 수학 동화책은 호기심의 연결고리

-

수학 공부에 관심을 두게 하고 수학을 잘했으면 하는 바람으로 수학과 관련된 책을 선택할 때는 철저하게 아이들의 눈높이와 취향을 고려해야 한다. 재미있는 사실은 수학 관련 책일수록 엄마가 보여주고 싶은 책과 아이들이 보고 싶어 하는 책이 서로 다르다는 것이다. 엄마들은 당장 아이가 어려워하는 수학 교과와 관련이 있거나 많은 정보와 지식을 얻을 수 있는 책을 선택한다. 그러나 아이들은 '재미'와 '호기심'을 일으키는 책을 좋아한다.

재미와 호기심은 모든 형태의 학습 효율성을 높인다. 막대기 하나로 이집트 피라미드의 높이를 잰 것으로 유명한 탈레스 이야기나, 로마군에 대항해 천재적인 방어시스템인 투석기 등 전투 장비를 개발한 아르키메데스의 이야기는 대부분의 아이들이 재미있어한다. 아이가 수학 관련 책을 싫어한다면 이런 책들을 읽고 엄마가 이야기를 해 주며 관심을 유도할 수도 있다. 수학을 좋아하는 아이들은 고대 수학자뿐 아니라, 최석정 같은 우리나라 수학자, 라마누잔 같은 현대의 수학자들에 관한 책도 즐겨 읽는다. 《속담 속에 숨은 수학》과 같은 책도 대부분의 아이들이 재미있어한다. 수학의 오랜 난제를 다룬 이야기책을 좋아하기도 하고, 암호에 관련된 책을 좋아하기도 한다. 아이들은 게임이론으로 노벨 경제학상을 받은 수학자 존 내시를 다룬 〈뷰티풀 마인드〉라든가, 제2차 세계 대전 당시 암호해독을 다룬 〈이미테이션 게임〉, 또는 〈페르마의 밀실〉, 〈네이든〉, 〈굿 윌 헌팅〉 같은 영화를 좋아하기도 한다.

아이와 읽기 좋은 수학책, 저학년 용

《우리 시계탑이 엉터리라고?》(시공주니어)

《동·건이 열리는 나무》(주니어김영사)

《수학왕 바코》(사계절)

《서커스단의 도둑 사건》(알라딘북스)

《코딱지 탐정, 시계 도둑을 잡아라》(다다북스)

《수학 나라의 앨리스》 (주니어김영사)

《쉿! 신데렐라는 시계를 못 본대》 (뭉치)

《왜 0등은 없을까?》 (아르볼)

아이와 읽기 좋은 수학책, 고학년용

《수학이 수군수군》 (주니어김영사)

《피타고라스 구출작전》 (주니어김영사)

《수학대소동》 (다산어린이)

《10일간의 보물찾기》 (창비)

《수학 귀신》 (비룡소)

《콩, 콩, 콩사마 수학스쿨》 (살림어린이)

《속담 속에 숨은 수학》 (봄나무)

《머리가 뻥 뚫리는 수학》 (웅진주니어)

《리틀 수학 천재가 꼭 알아야 할 수학 이야기》 (함께자람)

《수학으로 바뀌는 세계》 (비룡소)

《우리 겨레는 수학의 달인》 (창비)

2
처음 하는 수학 공부, 어떻게 시작할까?

일일·주간·월간 계획표

아이와 수학 놀이를 하거나 가볍게 계산력 학습지를 시키는 것으로 수학 공부를 시작했더라도, 어느 순간 체계적이고 본격적으로 수학 공부를 시켜야 하는 시점에 맞닥뜨리게 되면 어떻게 해야 할지 막막해진다. 수학 공부하는 시간은 얼마나 할애해야 할지, 문제집의 양은 얼마나 해야 할지 고민스럽다. 이럴 때 계획표를 세워보면 도움이 된다. 계획을 세울 때는 몇 가지를 고려해야 한다.

첫째, 계획을 세울 때는 실현 가능한 것이냐가 먼저 고려되어야 한다. 이런 이유로 계획을 세울 때는 아이와 함께 세우는 게 좋다.

둘째, 양으로 정할 것인가, 시간으로 정할 것인가를 고려해야 한다.

이때는 아이의 성격이나 성향에 따른 작전이 필요하다. 엄마들이 가장 다루기 어려워하는 아이가 공부는 잘하는데 멋대로 하는 아이다. 하지만 공부를 잘하기 때문에 그냥 두고 보는 경우가 많다. "100점 맞았잖아요. 알아서 할게요." 이렇게 자기주장이 강한 아이도 있다. 기분이 내키면 하고, 안 내키면 안 하는 제멋대로인 데다 고집이 센 아이일수록 매일 일정한 양만큼 공부하는 습관 들이기가 필요하다. 하기 싫은 것도 해야 한다는 사실을 알게 할 필요가 있기 때문이다. 물론 주관이나 고집이 있으면, 특기가 뛰어난 아이들의 경우 한 분야에 매진해 성공할 가능성도 있다. 그러나 이렇게 제멋대로인 아이들은 과목별, 단원별 편차가 심할 수 있기에 골고루 잘할 수 있도록 안배가 필요하다. 따라서 처음부터 공부 습관을 잡아주어야 하므로 계획표를 짜는 것이다. 좋은 습관은 어렸을 때 길러두면 평생 가기 때문이다.

셋째, 엄마는 아이의 공부 습관이 정착될 때까지 아이를 믿고 기다려주어야 한다. 습관이 정착되려면 오랜 시간이 걸린다. 조금씩 잘하다 예전으로 돌아갔을 경우 "너 그럴 줄 알았다"라고 면박을 주기보다 실수한 것은 눈감아주고 잘하는 것은 드러내어 자주 칭찬하고 격려해주어야 한다.

구체적으로 계획표는 어떻게 짤까? 우선 한 달 단위의 장기 계획표와 주간 단위의 단기 계획표, 그리고 일일 계획표가 필요하다. 계획표를 짤 때 엄마는 장기 계획을 세우기 위해서 그달의 스케줄부터 확인해야 한다. 달력이나 화이트보드에 시험 날짜와 가족 행사 등을 표시한 다음, 한 달 동안 공부할 양을 정한다. 예를 들면, 문제집 한 권을 푼다거나 교과서와 문제집 한 권 그리고 다른 문제집 일부를 공부한다는 식으로 분량을 정한다.

매일매일 하는 것이 가장 효과적이지만 주간 계획표는 학교 끝나는 시간과 학원 가는 시간 등을 고려해 요일별로 계획을 짠다. 여러 학원에 다니느라 일정이 빠듯한 날을 제외하더라도 주 3회 이상은 수학을 공부할 수 있도록 계획표를 짠다. 계획표를 짠 뒤에는 아주 심하게 아프거나 특별한 일이 생기지 않는 한 어떤 일이 있어도 꼭 지키게 한다.

일일 계획표에는 그날그날 시간표대로 수행한 내용을 모두 적는다. 계획을 세웠으면 문제집 하단이나 상단 빈칸에 색연필로 날짜를 표시한 후, 표시한 부분만큼 매일매일 풀게 한다.

계획표를 짤 때는 공부의 양을 최소한으로 정해 계획을 지킬 확률을 높인다. 공부 계획이 하루 이틀 밀리고 지키지 못하면 아이도 스트레스를 받기 때문이다. 일일 계획표나 주간 계획표에 자유 시간을 두어 시간이 모자라 미처 끝내지 못한 분량의 공부를 마저 할 수 있게 하는 것도 방법이다. 정해진 분량을 다 했어도 수학 공부를 더 하고 싶을 때는 자유 시간을 활용하면 된다.

습관 들이기 3주, 3개월, 1년 작전
-

'하루에 문제집 세 장'처럼 양을 기준으로 할 것인지, '하루에 1시간 공부'와 같이 시간을 기준으로 할 것인지 일일 계획표를 세우다 보면 많은 고민을 하게 된다. 이때는 아이의 성격에 따라 시간으로 할 것인지, 양으로 할 것인지 정하는 것이 좋다.

성실한 아이는 시간에 따라 과제를 내주면 그 시간에 몇 장이 되든 다 푼다. 반면 공부하기 싫어하고 산만한 아이들은 같은 시간 내내 절반도 풀지 못할 수 있다. 성실한 아이는 시간으로 정하든 양으로 정하든 상관이 없지만, 성실하면서도 총명해서 문제를 푸는 속도가 빠른 아이들은 시간을 기준으로 하는 것이 좋다. 이런 아이들은 수학을 좋아해서 간혹 많은 양의 문제를 풀고 싶어 하기도 한다.

그러나 공부할 때 딴청을 부리거나 산만한 아이들은 양을 기준으로 정하는 것이 좋다. 그날 해야 할 분량을 다 하지 못하면 노는 시간이 줄어들 수밖에 없으므로, 그것을 막기 위해서라도 정해진 양을 빨리 해내려고 할 것이다. 이런 아이들의 경우, 공부하는 시간 동안에 집중력을 유지하느냐가 관건이다. '속도와 집중력을 어떻게 높이느냐?'가 엄마가 풀어야 할 숙제다. 이런 아이는 건성으로 대충대충 할 수 있기 때문이다. 시간표대로 잘 지키는 아이라면 괜찮지만, 그렇지 않은 아이라면 공부하는 습관이 들 때까지 몇 주 혹은 한두 달간 아이 옆에서 지켜봐야 한다.

"이것 2개만 풀어 와라.", "수학책을 한 번만 큰 소리로 읽어보자." 이런 식으로 짧은 시간 안에 해야 할 분량을 정해주면 집중력을 높일 수 있다.

만약 아이가 다 해오면, 칭찬을 해주면서 "이것도 같은 문제인데 좀 더 풀어볼까?"라고 유도한다. 이런 식으로 1시간가량만 공부해도 상당한 양을 공부할 수 있다.

계획표의 완성은 지킴이다.

공부 습관이 잡힐 때까지는 아이도 아이지만 엄마의 흔들리지 않는 결심과 뚝심도 중요하다. 예외 없이, 3주는 긴장감 있게 지켜보기와 풀기를 반복해 앉아 있는 습관을 들이고, 3개월은 함께하는 시간을 이틀에 한 번 사흘에 한 번으로 조절하며, 그 이후 1년간은 스스로 할 수 있게 유도한다.

아이에 따라서 습관을 잡는 기간은 조금씩 다를 수 있지만 보통 3개월이면 습관이 잡힌다. 습관이 잡힌 다음부터는 계획표를 짜고 아이에게 맡겨놓고 제대로 하는지 확인만 한다. 습관이 어느 정도 잡힌 것 같으면 그때부터는 약간의 융통성을 발휘해 일주일 단위로 학습량을 조절한다고 해도 크게 습관 밖으로 벗어나지 않게 된다.

처음 공부 습관을 잡을 때 날마다 계획표대로 하는지 지켜보고 확인하는 것도 사실은 결코 쉬운 일은 아니다. 자칫 엄마가 지키고 앉아서 감시를 하거나 지나친 간섭을 하게 되면 습관 형성에 도움이 될지 모르지만 궁극적으로 아이의 의지를 꺾어놓는다. 아이는 얼마 지나지 않아 힘들어하고 스스로 하려는 의지가 없어진다. 그러다 보면 엄마가 시킬 때까지 기다리는 아이가 되거나 한술 더 떠 엄마가 시키지 않으면 놓아버리는 아이가 되기도 한다. 만약 엄마가 일일이 해야 할 것들을 챙겨주면, 중학교에 가서도 그 버릇이 그대로 이어질 수 있다.

따라서 기억해야 할 점은 이것이다. 교육을 논할 때 훌륭한 어머니로 칭송받는 한석봉의 어머니도 한 번의 행동으로 한석봉에게 강렬한 가르침을 주었다는 사실이다. 3주, 3개월, 그리고 1년 만에, 단 한 번에 공부 습관을 잡아야 한다. 3주 계획이 실패하고, 또 3주 시작하기를 반복하는 것은 그다지 좋은 방법이 아니다.

놀이로 수학 개념 다지기
-

수학 개념은 정확하게 익혀야 한다. 그리고 거듭거듭 다져가야 하는 것이기도 하다. 유치원 때와 저학년 때는 놀이를 통해 수학 개념을 익힐 수 있다. 엄마랑 숫자 세기 놀이를 하는 동안 수의 규칙을 알아가기도 한다.

초등학교 1학년 수학에는 1부터 100까지의 수가 나온다. 1학년 때는 적어도 1부터 100까지는 세거나 쓸 줄 알아야 한다. 가능하면 1부터 1000까지의 수를 세게 하는 것도 도움이 된다. 아이들과 계단을 오르내리거나 발걸음을 떼어놓으면서 차례차례 세는 연습을 하며, 이것을 통해 수의 연속성에 대해서 깨닫게 한다. 앞의 수에 1을 더한 수가 바로 다음에 오는 수라는 것을 스스로 깨닫게 한다. 이것은 수를 통해서 규칙을 발견하는 훈련이기도 하다. 이런 훈련은 문제집이나 책을 보고 하는 것보다 놀면서 하는 게 훨씬 쉽고 재미있다.

엄마와 아이가 계단을 오르내리거나 길을 걸으면서 1, 2, 3, 4 숫자 세기를 서로 번갈아 가며 말하는 게임도 할 수 있다. 이런 게임을 통해서 짝수와 홀수도 자연스럽게 알게 된다. 1과 3, 2와 4 등의 수와 수 사이에는 2씩 커진다는 것도 알 수 있다. 수를 2명이 서로 번갈아 가며 말할 때는 2씩 커지고, 수를 3명이 번갈아 가면서 말한다면 3씩 커진다는 규칙을 발견할 수 있을 것이다.

12-( )-14-15에서처럼 괄호를 쳐서 괄호 안에 들어가는 수가 어떤 것인지 알아보는 훈련을 하는 것도 좋다. 한 걸음 더 나아가면 10-12-( )-16-18-( ) 등 2씩 커지는 수를 알아볼 수도 있고, 수가 3씩 커지게 해서 ( ) 안에 맞는 수 찾기 훈련을 할 수도 있다. 더하기뿐만 아니라 빼기 개념까지 자연스럽게 알게 된다. 수와 수 사이에 있는 규칙성에 주목하면 굳이 더하기 빼기를 가르치지 않아도 된다. 이 시기에는 굳이 계산력 훈련을 하기 위해서 문제집을 풀기보다 다양하게 수를 가지고 놀면서 규칙을 발견하는 훈련을 하도록 한다.

저학년 때 해놓아야 하는 것 가운데 하나는 용어를 정확히 쓰는 훈련이다. 숫자와 수의 차이에 관해서 물으면 어른도 선뜻 대답을 못한다. 숫자와 수의 차이는 글자와 글의 차이와 같다. 0, 1, 2, 3, 4, 5, 6, 7, 8, 9처럼 수를 표현하기 위한 기호를 '숫자'라고 한다.

그러나 23은 숫자라고 하지 않고 '수'라고 한다. 여기에서 1의 자리를 나타내는 숫자는 3이고, 10의 자리를 나타내는 숫자는 2이고, 10의 자리 숫자 2가 가리키는 수는 20이라고 표현한다. 별다른 의식 없이 혼용하여 쓰지만 '수'와 '숫자'를 비롯한 '용어'를 정확하게 이해해야 수학 공부를 쉽게 시작할 수 있다.

아이들이 헷갈리기 쉬운 용어는 어떤 것이 있을까?

합, 차, 못 된다, 더 작다, 더 크다, 보다 더 크다, (무엇 무엇을) 하기 전, 모자란다, 남는다, 이상, 이하, 초과, 미만, 반직선, 직선, 선분 등이 있다. 의미를 설명해주고 이해한 것 같으면 한 걸음 더 나아가 그것을 활용해서 간단한 문장을 만들어보라고 하는 것도 좋다. 한 번으로 그치지 말고 이렇게 익힌 표현들을 일상생활에서 자유자재로 사용하도록 유도할 필요가 있다. 당장 교과서나 그 밖의 책들을 이해하는 데도 도움이 될 것이다.

마지막으로 꼭 익혀놓아야 하는 것이 바로 단위이다. 단위는 사람들이 만든 일종의 약속이다. 암기해야 하는 것이기 때문에 쉽게 익히게 하려면 직접 경험하게 하는 것이 좋다! 아이들은 시, 분, 초 등 시계 보기나 밀리미터(mm), 센티미터(cm), 미터(m), 킬로미터(km), 그램(g), 킬로그램(kg) 등의 단위를 꽤 복잡하게 생각한다. 단위는 1학년부터 나오기 시작해서 초등학교 졸업할 때까지 나오는데, 아이들은 그때까지도 헷갈려한다.

단위를 경험하는 가장 좋은 방법은 직접 재는 것이다. 100센티미터가 1미터라는 것을 외우려고 하면 잘 외워지지 않는다. 그러나 줄자를 들고 다니면서 재다 보면 금방 익히게 된다. 아이 손 한 뼘이 몇 센티미터인지 한 걸음이 몇 센티미터인지 확인하고 크기나 거리 재기를 해보는 것도 좋다. 시계 보기 역시 마찬가지다. 1분은 60초, 1시간은 60분, 하루는 24시간이다. 1시간을 100분으로 착각하는 아이들이 많은데, 문제를 통해 익히는 것보다 생활 속에서 시계를 보면서 익히는 게 훨씬 좋다.

이렇게 놀이로 또는 생활 속에서 자연스럽게 수학을 익히면 뭐가 좋을까? 체험을 통해 익힌 것은 쉽게 잊히지 않는다. 그리고 길고 긴 스토리텔링형 문제가 나오더라도 어렵지 않게 여긴다. 또 다른 사회나 과학책을 읽더라도 이해가 빠르다. 지구의 둘레는 40,075킬로미터다. 1킬로미터가 4만 75개나 있는 것이다. 뚱뚱한 지구의 모습이 훨씬 빨리 감이 오지 않는가?

3

3학년 때까지
계산력 완성하는 법

계산력이 실력의 50퍼센트
-

공부에 유행이 있는 것은 아니다. 그러나 학습지와 학원 등에서 나온 광고 문구를 보면 분명 강조점이 보인다. 요즘은 융합, 사고력이 키워드다. 사실 '계산기와 컴퓨터가 있는 시대에 계산을 빨리, 잘하기 위해 시간을 투자할 필요가 있을까?', '인공지능 시대에 무슨 계산력? 계산력보다 사고력이지!'라고 말하는 엄마들이 있다.

그러나 계산력과 사고력은 반대되는 개념이 아니다. 계산력 공부가 시대에 뒤떨어지는 것은 더욱 아니다. 계산력만 강조하는 것도 문제지만 어릴 때는 계산력을 등한시하는 것도 숫자에 대한 감을 더디게 만들기 때문에 좋지 않다.

영국을 비롯한 유럽의 학교에서는 시험을 칠 때 계산기를 휴대할 수 있다. 복잡한 숫자 계산은 계산기로 하는 것이다. 그렇더라도 계산력이 필요한 이유는 계산력이 가장 기초적인 수학의 바탕을 이루기 때문이다. 실제 생활 속에서도 계산처럼 유용한 게 없다. 아이들은 계속되는 계산을 하면서 점점 자신이 계산하기 빠른 방법을 찾고 스스로 수의 규칙을 찾아간다.

수와 관련된 계산은 잘하지 못하지만 도형은 좋아하고 잘한다고 말하는 엄마들이 있는데, 안심할 사항은 아니다. 고학년이 되어 도형의 넓이, 부피, 겉넓이 등을 다룰 때 계산력이 뒷받침되지 않으면 자꾸 틀리게 되어 수학에 흥미를 잃을 수도 있다.

지루하고 힘들겠지만 초등학교 3학년 때까지는 수학에서 계산력이 차지하는 비중이 높다. 계산력의 완성도가 높아지면, 나중에 고학년이 되거나 중학교에 가서도 복잡한 계산을 하는 과정에서 틀릴 확률이 줄어들고, 문제 푸는 속도도 훨씬 빨라진다. 초등학교 5학년에서 수포자가 가장 많이 발생하는데, 그 원인 중 하나가 분수와 소수의 계산 문제가 어려워서이다.

계산력이 강한 아이들은 수학을 잘한다는 자신감이 있고, 단순 계산에서 실수하지 않아 틀리지 않으므로 점수가 좋게 나온다. 그러다 보면 수학에 흥미가 생기게 된다.

그렇다고 계산력에만 집중하는 것도 곤란하다. 수학을 잘하기 위해서는 계산력, 사고력, 추론력 등이 뒷받침되어야 한다. 난이도가 높은 스토리텔링형 문제에서는 이러한 것들을 종합적으로 요구한다. 어느 정도 사고력이 바탕이 되어 문제를 푸는 키워드를 잡고, 그다음에는 추론해서 문제를 어떻게 풀어갈지 방법을 잡고, 마지막으로 계산력이 바탕이 되어 실제로 풀게 하는 것이다. 이때 한쪽이 모자라거나 어느 한쪽으로 치우치면 당장 문제를 푸는 데 지장이 온다.

'단순 계산은 싫어한다. 그러나 단순 계산을 능숙하게 잘해야 한다!'

이 모순을 지혜롭게 풀어가야 한다. 고학년으로 올라갈수록 문제를 푸는 데 사고력이 필요한 데다 더 어려운 분수와 소수의 계산이 기다리고 있으므로 저학년에서 계산력을 탄탄히 다져놓아야 한다.

계산력, 성격 따라 키우는 법

아이마다 공부하는 방법이 다르지만 계산력을 키울 때만큼 극명하게 드러나는 경우도 없다. 먼저 계산 실수투성이인 산만한 아이들은 시간 재기를 한다.

"한 쪽을 5분 안에 풀어보자."

산만한 아이들은 많은 양의 문제를 주면 딴전을 피우기 일쑤다. 이런 아이들에게는 문제를 조금씩 나눠주면서 시간을 재는 것이 가장 좋은 방법이다. 아이가 잘 따라오면 시간과 분량을 조금씩 늘린다. 또 공부하기 전 주변에 아이의 시선을 뺏길만한 물건이나 장난감을 치우고 공부를 시작한다.

혹은 엄마랑 아이랑 누가 문제를 빨리 푸는지 내기를 해도 좋다. 대신 같은 시간에 엄마는 20문제, 아이는 10문제를 누가 빨리 푸는지 겨루는 것이다. 당연히 처음에는 엄마가 이기겠지만 가끔 아이에게 져주면서 아이의 사기를 북돋아준다.

"어제보다 문제를 빨리 풀면 칭찬 스티커 10개 추가다."

산만함을 잡기 위해 가끔 이런 식으로 당근을 함께 제시하는 것도 요령이다.

복잡한 문제를 곧잘 풀고 계산력도 좋은데 별도의 계산력 문제집을 풀라고 하면 반발하는 아이들은 어떻게 할까? 흔치 않지만 이런 아이들은 사고력이나 추론력 등 다른 영역에서도 뛰어난 아이들이다. 이런 아이들은 단순 계산력 문제를 주기보다 스토리텔링형 문제가 포함된 교과 유형의 문제집을 풀게 하는 것만으로도 충분히 계산력을 키울 수 있다. 교과 유형의 문제집과 심화 문제집을 푸는 경우 별도의 계산력 문제집을 풀지 않아도 된다. 가끔 단위가 커지는 연산이나 문제 풀이 속도를 높일 필요가 있거나 경시대회 등을 준비할 때 필요한 부분의 계산력 문제집만 풀어도 된다.

반면, 교과형 수학 문제집에 별 거부감은 없는데, 계산력 문제집 풀이는 싫어해서 학년이 올라갈수록 계산력 정확도와 속도가 느려지는 아이들이 있다. 이럴 때는 사고력 연산 문제집을 한 권 추가하는 것이 좋다. 사고력 연산 문제집은 계산력 문제집이지만 단순 반복이 아니다. 상위권 아이들에게는 머리 쓰는 재미를 느끼게 하고 수 감각을 키우는 데 도움이 된다. 이런 친구들은 매일 계산력을 시키지 않더라도 일주일에 2~3회 짧은 시간을 할애해서 진행해주면 된다.

만일 수학 실력이 많이 부족한 아이라면 계산력을 최우선으로 키우는 게 필요하다. 수학 실력이 부족할수록 계산력부터 키워주어야 한다. 사고력도 중요하고 추론 등 수학의 다양한 영역도 중요하지만, 우선은 계산에 능숙하게 만들어 자신감을 갖게 한 다음 기본 개념문제를 풀게 한다. 기본 개념서와 계산력 교재를 동시에 이용해도 좋다. 쉬운 개념서를 반복해서 보게 하여 기초를 다진다.

계산력도 선행학습이 가능할까? 유난히 수학을 좋아하고 계산하는 것도 좋아하는 수 감각이 좋은 아이들은 곱셈의 원리도 스스로 깨우치고 나눗셈의 개념과 심지어 음수와 양수의 개념도 터득하는 아이들이 있다. 이런 아이들은 자연스럽게 구구단도 외우고 만이나 억, 조 단위 등에도 관심을 보인다. 언제나 아이들의 관심이 있을 때 학습 효과는 최대치를 낼 수 있으므로, 굳이 3학년이나 4학년에 배우게 될 거라고 미룰 필요는 없다. 잘하는 아이들에게는 아이가 소화하는 만큼의 학습 진도가 그 아이에게 맞는 진도인 것이다.

계산력 훈련으로 사고력까지 키운다

-

무엇이든 한발 더 나아가는 게 어렵다. 생각에서도 그렇다. 그러나 생각을 한번 시작하면 꼬리에 꼬리를 물고 이어져 완전히 새로운 문이 여기저기서 열린다.

계산력도 두뇌 훈련을 동반하는 경우 사고력으로 변신한다. 흔히 엄마들은 계산력의 중요성 때문에 단순 반복적인 계산력 문제집을 풀게 하는 경우가 많다. 반면 기계적으로 문제를 풀게 되면 사고력 발달을 저해한다고 한다. 그렇다고 수학에서 중요한 계산력을 소홀히 해서는 안 된다. 역설적인 이 상황을 해결하는 방법은 의외로 간단하다! 계산력 훈련을 할 때는 가급적 머리를 쓰는 방법으로 진행해볼 수 있다. 숫자 퍼즐이나 복면산 같은 문제를 풀거나 스피드 퀴즈처럼 계산력 문제 20개를 빨리 푸는 사람이 이기는 시합을 하면 계산력과 재미 두 마리 토끼를 잡을 수 있다.

여기서 한발 더 나아가면 자신만의 풀이 방법을 이용할 수도 있다. 수학을 아주 좋아하는 아이들은 자신만의 풀이 방법을 이용해 문제를 해결하기도 하고, 계산할 때도 좀 더 빠르고 쉬운 방법으로 암산을 하기도 한다.

때로는 수학자들이 발견한 법칙을 찾아내기도 하고 기발한 아이디어로 문제를 해결하기도 한다. 한 분야를 깊게 생각하고 탐구하다 보면 어느새 스스로 원리나 규칙, 풀이 방법을 깨치게 된다. 때로는 이렇게 한 분야에 깊이 파고들어 고등학교 이상의 과정까지 관심을 보이는 아이들도 있다. 이러한 지적 호기심은 탁월한 역량으로 나타날 것이다. 머리 쓰는 것에 습관이 들면 늘 생각의 증폭이 일어난다.

4

사고력 수학,
언제 어떻게 시작할까?

100점보다 나은 70점
-

"100점을 받는 것에 연연하지 않는다. 다만 수학을 재미있게 할 수 있으면 좋겠다."

많은 엄마가 이렇게 말한다. 하지만 말은 그렇게 하면서도 시험 점수가 좋을 때는 기뻐하고 점수가 뚝 떨어지면 화를 낸다. 엄마들이 점수에 연연하지 말아야 한다는 걸 알면서도 그렇게 되는 이유는 아이의 실력을 가늠할 잣대가 없기 때문이다.

저학년의 경우 점수와 실력은 서로 다를 수 있다. 저학년일수록 시험을 못 보는 이유는 너무나 다양하다. 순간적으로 더하기를 빼기로 보는 것처럼 문제를 잘못 보거나, 답지에 옮겨 쓰다가 실수를 하거나,

긴장해서 제대로 문제를 읽어내지 못하거나, 생각이 잘 풀리지 않아 실력 발휘를 제대로 못 하는 경우 등이다. 1, 2학년 같은 저학년은 시험 치는 날의 컨디션에 의해서도 상당한 영향을 받는다. 이처럼 실력과 전혀 다른 '엉뚱한' 점수를 받는 이유는 100가지도 더 된다. 그런 까닭에 저학년 때는 70점짜리와 100점짜리의 실력 차이가 별로 없을 수도 있고, 오히려 70점짜리가 진짜 실력은 더 좋을 수도 있다.

학교 시험과 다르게 비교적 변별력이 있는 대형 사고력학원의 레벨테스트 시험을 치러보면 비교적 객관적인 평가를 할 수 있는데, 평가 후 반응이 크게 두 가지로 나뉜다.

"사고력은 안 시켜줬으니까 그렇다고 치지만 학교 시험에서는 항상 100점인데 도대체 교과 문제를 왜 그렇게 많이 틀렸대?"

"어머! 우리 아이는 문제집도 많이 안 풀렸고 사고력학원을 다닌 적도 없는데, 어떻게 이렇게 높은 점수를 받았죠?"

두 엄마 모두 아이의 점수를 쉽게 받아들이지 않지만 수업을 진행해보면 레벨테스트의 변별력은 꽤나 신뢰할 만하다.

따라서 저학년 때는 학교 시험 점수에 연연하는 조급함을 버려야 하며 100점 받았다고 방심해서도 안 된다. 아이가 저학년 때는 하루하루 수학 실력 쌓기를 목표로 해야 한다. 그러다 보면 어느 순간 아이는 실력의 점프를 경험하게 되기 때문이다. 아이들은 자신이 배우거나 익힌 이미 알고 있는 방법으로 문제를 해결한다. 다양한 관점으로 문제를 해결해야 하는데, 이미 알고 있는 지식이 때론 걸림돌이 될 수도 있는 것이다. 그런 의미에서 사고력 수업은 일찍 시작할수록 다양하고 창의적인 문제해결력이 길러지고 생각의 확장이 활발하게 일어날 수 있다. 또한 혼자서 하는 것보다는 또래집단과 같이 협업하여 문제를 해결하는 훈련이 서로에게 영향을 주어 효과가 극대화된다.

사고력 수학은 엄마표로 한계가 있다고 하지만 엄마표로 진행하지 못할 이유는 없다. 아이와 함께 사고력 수학을 진행한다면 엄마도 열린 마음으로 아이와 같이 즐길 준비를 하는 것으로부터 시작해보면 된다. 사고력 수업은 일찍 시작할수록 다양하고 창의적인 문제해결력이 길러지고 생각의 확장이 활발하게 일어난다.

개방형 질문으로 생각 근육 단련하기

-

흔히 말하는 주입식, 강의식 교육은 교육을 받는 아이가 수동적인 자세를 갖게 하고 생각할 시간을 주지 않은 채 지식을 전달하므로, 아이들은 생각할 필요성을 느끼지 못한다. 이런 주입식, 강의식 수업을 받은 엄마들이 아이에게도 똑같은 방법으로 수학을 가르치고 있지는 않은지?

이스라엘의 하브루타 교육법은 학생과 교사, 학생과 학생, 학생과 부모가 짝을 이뤄 서로 질문과 대답을 주고받으며 대화, 토론, 논쟁 등을 통해 진리를 찾아가는 형식으로 진행된다. 이때 부모와 교사는 학생에게 마음껏 질문하는 환경을 만들어주고 스스로 답을 찾을 수 있도록 유도하는 역할을 한다. 소크라테스는 제자들이 스스로 진리를 찾아갈 수 있도록 생각을 끌어내는 질문법으로 유명하다. 질문을 얼마나 중요하게 생각했으면 "질문으로 인도할 수 있을 때는 결코 설명으로 인도하지 말라"고 했겠는가?

미국 실리콘밸리 초등학교에서는 필수적으로 질문법을 배운다고 한다. 아이의 생각을 끌어내는 가장 간단한 질문법은 개방형 질문법이다. 이는 "예", "아니오"로 대답하지 않을 질문을 하는 것이다. "오늘 학교에서 재미있게 보냈니?" 같은 폐쇄형 질문보다는 "오늘 학교에서 무슨 재미있는 일이 있었니?"라는 식으로 질문하는 것이다. 이런 질문은 아이가 생각하게 만든다.

수학 문제에서도 폐쇄형과 개방형 문제가 있다. 어찌 보면 선다형 문제는 폐쇄형 문제라 할 수 있다. 만약 같은 문제를 주관식으로 풀이 과정까지 쓰게 한다면 좀 덜 폐쇄적이다. 다양한 방법으로 문제를 풀 수 있기 때문이다. 그러나 사고력의 확장을 위해서는 답이 여러 개 나올 수 있는 개방형 문제를 접하게 해주는 것도 좋은 방법이다. 서로 답이 달라도 답이라고 주장할 논리적 근거가 맞으면 정답이 되는 것이다.

예를 들면, 카드를 여러 장 나누어주고 분류 기준을 정하여 카드를 두 그룹으로 나누어보게 하거나, 같은 카드를 분류 기준으로 나누어 세 개의 그룹으로 나누어보게 할 수도 있다. 숫자 카드를 이용해서 이런 게임을 할 수도 있다. 예를 들면, 숫자 카드에서 2, 3, 5, 7, 8 카드를 가졌다고 해보자. 어떤 아이는 짝수(2, 8)와 홀수(3, 5, 7)로 분류할 수 있다. 또 어떤 아이는 숫자 모양에 직선이 있는 숫자(2, 5, 7)와 곡선으로만 이루어진 숫자(3, 8)로 분류할 수도 있다. 또 다른 아이는 소수(2, 3, 5, 7)와 합성수(8)로 분류할 수도 있다. 이런 게임을 통해 아이는 자기 주도적으로 문제를 해결하고 생각하는 과정을 거쳐 분류하게 된다.

또, 두 아이에게 카드를 똑같이 다섯 장씩 나누어주고 분류하라고 한 뒤, 다른 아이에게 옆의 친구가 분류 기준에 맞게 잘 분류했는지 확인하게 한다. 다양한 그림카드를 이용해서 게임 형식으로 아이들에게 적용할 수도 있다. 네 개의 카드에서 한 장을 골라 나머지 세 개의 카드와 다른 점 한 가지를 찾아내는 것이다. 그림 속 색깔이건 도형의 형태이건 글자이건 어떤 것도 다른 점이 있다면 정답이 된다. 다음에는 두 번째 카드와 나머지 카드의 다른 점 한 가지를 찾아가는 식이다. 이런 수업은 사고력뿐 아니라 아이의 흥미와 두뇌 회전, 창의성 계발에 아주 좋다. 집중력과 관찰력이 길러지는 건 물론이다.

하루에 딱 하나! 매운맛 문제
-

큰아이가 영재교육원(이하 영재원)에 다닐 때 일이다. 용균이는 수학 교수님이 세상에서 제일 자유롭고 편한 분인 것 같다고 했다. 실험을 하는 교수님은 실험실에서 온종일 긴장한 채 있지만 수학 교수님은 침대에 누워서도 산책 중에도 강아지와 놀다가도 문제를 풀 수 있기 때문이라는 것이다. 굳이 필요하다면 연필과 메모지만 있으면 되는 직업이니 게으르게 살고 싶은 사람에게 얼마나 좋으냐는 것이다.

사실 수학 교수님은 그 문제에 오래 몰두하고 있었기 때문에 언제 어디서든 갑자기 영감이 떠오를 수 있었던 것이다. 직관은 하루아침에 만들어지지 않으며 천재적 영감이란 것도 어느 순간 오지 않는다. 집어내는 능력이 있는 사람에게만 온다.

매운맛 한 문제를 강조하는 이유는 보이지 않는 끈기를 만들고 도전하는 능력을 만들라는 이유에서다. 가시적으로는 수학 실력을 한 단계씩 밀어 올려주는 천연 MSG다. 매운맛의 기준은 '현재의 단계에서 조금 버겁다' 하는 수준이다. 하위권이라면 기본문제 중에서도 어려운 문제, 중위권이라면 응용문제 중 어려운 문제, 상위권이라면 경시대회문제 등 풀 수 있을 것 같으면서도 안 풀리는 문제가 바로 매운맛 문제다. 아이가 문제를 한두 번 읽어서 바로 답을 구할 수 있는 정도보다는, 시간이 걸리더라도 바로 답을 구하기 어려워 조금 버거워하는 정도가 좋다.

이 문제를 잡고 있는 시간도 아이마다 다를 것이다. 1분도 못 잡고 있는 아이가 있는가 하면 5분, 10분 낑낑거리다 포기하는 아이도 있다. 또 30분쯤 고민하다 속상해하는 아이도 있을 것이다. 너무 지치지 않을 정도의 시간을 기다려주고 안 풀리면 다음에 풀도록 권유한다. 이 문제를 내일 다시 줄 수도 있고 일주일쯤 지난 뒤에 줄 수도 있다.

용균이도 이런 매운맛 문제를 끊지도 못하고 좋아했다. "에잇, 징글징글해" 하면서도 끝까지 매달려서 풀어내곤 했다. 한번은 풀다 풀다 못 푼 문제를 영재원 친구랑 같이 집에 오면서 토론을 했지만 그날은 끝내 못 풀었다. 그러다 며칠 뒤 자다가 문득 문제를 푼 뒤에 친구에게 전화했다. 바로 이런 점이 매운맛의 매력이다.

문제는 매운맛 문제를 즐기는 정도다. 너무 매운맛을 한꺼번에 먹으면 탈이 나는 것처럼 이런 문제를 한꺼번에 많이 푼다고 금세 실력이 좋아지지 않는다. 오히려 이런 문제를 한꺼번에 많이 풀게 하는 것은 수학을 지겹게 만드는 지름길이다. 따라서 난이도 있는 문제를 하루에 한두 문제씩 아이가 매일 접할 수 있으면 좋다. 고학년이라면 일주일에 서너 문제만 이렇게 풀 수 있어도 도움이 된다. 쉽게 풀리지 않는 문제를 혼자서 낑낑거리며 30분씩 붙들고 있다 풀어냈다면, 이 아이는 어려운 수학 문제를 풀었을 때 맛본 짜릿한 성취감으로 수학의 매력에 푹 빠지게 될 것이다. 이런 일이 반복되면서 수학적 재미와 자신감, 문제해결력이 길러지게 되고 아이의 잠재력과 재능을 발견하게 된다.

퍼즐을 이용해 문제해결력 높이기
-

퍼즐북에 대해서 한마디로 표현하자면 '잠자고 있는 수학적 감각을 깨우는 책'이다. 일종의 만병통치약처럼 여러 분야에 영향력을 발휘한다. 퍼즐북을 통해서 수학적 감각 즉, 논리적 추론 능력, 공간 지각 능력, 수리력과 정보처리 능력, 창의적인 문제해결 능력, 수학적 직관력 등이 길러진다. 그리고 가장 핵심이 되는 것은 뭐니 뭐니 해도 수학적 재미를 느끼고 집중력이 좋아진다는 점이다.

　수학적 감각은 다양한 관점으로 문제를 보고 해결하는 가운데 길러진다. 이렇게도 풀어보고 저렇게도 풀어보면서 문제를 푸는 다양한 방법을 찾아보는 것! 이때 퍼즐은 여러 가지 문제해결력이나 규칙을 찾는 가장 좋은 훈련이 될 수 있다. 게임 요소가 강하다 보니 좌절을 극복하고 오기를 북돋우는 역할도 한다.

　퍼즐에는 여러 가지 종류가 있다. 수에 대해서 감각을 키울 수 있는 스도쿠나 마방진, 공간 지각 능력과 도형 감각을 키우는 칠교판, 하트 퍼즐을 비롯한 모양 맞추는 퍼즐, 전략 찾기 중 나올 수 있는 경우의 수를 찾는 체스나 땅따먹기 같은 놀이 퍼즐 등이다. 또 아이 중에는 두뇌게임으로 유명한 멘사 퍼즐 게임을 즐기는 마니아도 있다.

　교과형 수학 문제집을 풀 때와는 다르게 대부분의 아이들은 퍼즐이나 게임을 좋아한다. 퍼즐을 자꾸 풀다 보면 문제 푸는 속도가 빨라진다. 수학 퍼즐은 일종의 두뇌게임이라서 퍼즐을 갖고 노는 것만으로도 수학적 두뇌 훈련이 될 수 있기 때문이다. 게다가 게임으로 접근하기 때문에 긴장도가 높다.

　이외에도 퍼즐에는 여러 가지 장점이 있다. 우선 집중력을 높여줄 수 있다. 게임을 할 때 집중력이 떨어지는 아이를 본 적이 있는가? 산만한 아이라면 수준에 맞는 퍼즐을 통해 산만함을 극복하는 것도 한 방법이다. 게다가 퍼즐은 수학적 훈련임에도 아이들이 공부로 생각하지 않고 놀이로 여기는 장점이 있다. 공부라면 부담스러울 텐데 놀이라서 부담스럽지 않은 것이다.

내기 요소와 게임 요소 활용하기
-

문제는 퍼즐에 장점이 많은데도 제대로 활용하지 못할 수도 있다는 것!

"이것 해봐! 나중에 꼭 다 풀어야 해!"

퍼즐이나 퍼즐북만 사주고 아이에게 혼자서 풀어보라고 하면, 그 순간 퍼즐북은 아주 골치 아픈 문제집으로 둔갑하고 만다. 네이버 지식인에 물어볼 수도 없고, 답을 베낄 수도 없는 문제집!

퍼즐을 재미있게 이용하는 방법은 없을까? 퍼즐은 혼자 푸는 것보다는 경쟁자가 있어서 같이 풀어야 재미있다. 엄마든 친구든 함께 퍼즐을 풀면서 누가 빨리 푸나 경쟁을 하면 더욱 흥미진진해진다. 어려운 퍼즐 앞에서는 솔직히 모른다고 고백하고 항복을 선언하는 것도 아이의 의지를 북돋우는 방법이다. 퍼즐북을 활용할 때는 답지를 엄마가 갖고 있도록 한다. 이왕이면 미리 답을 알아놓는 게 좋다.

그렇다면 퍼즐을 언제 할까? 효율성을 극대화하려면 공부하다 지치거나 집중력이 떨어질 때 갖고 놀게 한다. 평소에 하는 것도 좋지만 그보다 쉬는 시간 같은 자투리 시간을 활용하는 것이 더 좋다.

"이거 한번 해보고 다시 공부하자."

퍼즐을 갖고 놀다 보면 자연스레 몰입되어 공부에도 재미를 느끼게 된다.

또, 퍼즐을 풀 때는 잘 풀리지 않는 문제를 끙끙대며 오래 붙잡고 있지 말고 쉬운 것부터 푼다. 건너뛴 문제는 다음에 다시 보면 풀리는 경우가 있다. 하루에 몇 문제씩 도전해보는 것도 좋은 방법이다. 해답과는 다른 방법으로 푸는 방법도 찾아보고, 더 나아가 각자 문제를 만들어 상대방의 문제를 풀어보기도 하면 성취감을 더 높일 수 있다.

자투리 시간 활용에 좋은 퍼즐, 퍼즐앱

퍼즐을 좋아하는 것은 아이나 어른이나 마찬가지다. 아이 때 퍼즐을 좋아한 사람은 아마도 어른이 되어서도 여전히 즐길 것이다. 요즘은 이런 어른과 아이들을 위해 다양한 게임 형태의 퍼즐앱이 나와 있다.

구글 플레이스토어를 찾아보면 한글 단어 찾기, 영어 단어 찾기, 물고기 키우기, 물 따르기, 색 맞추기 등 다양한 앱이 있다. 자투리 시간, 아이가 게임을 하고 싶어 할 때 휴대폰 속 재미있는 퍼즐을 해보는 것도 좋다. 무조건 "블루라이트는 안 돼!"라고 텔레비전이나 게임을 금지하는 엄마들도 있지만 적절히 이용할 필요가 있다.

아이 수준에 맞는 퍼즐과 앱은 어떻게 선택할까? 어렵다는 선입견이 생길 수 있지만 사실 우리는 한 살부터 퍼즐을 갖고 놀았다. 욕조에서 하는 모양 맞추기 책도 퍼즐이라면 퍼즐이다.

그렇다면 언제부터 어떤 퍼즐부터 갖고 노는 게 좋을까? 수학 퍼즐은 아주 어릴 때부터 갖고 놀 수 있다. 단, 단계별로 구분되어 있지 않기 때문에 아이의 수준에 맞는 것을 골라야 한다. 퍼즐은 시중에 상당히 많은 종류가 나와 있다. 아주 기초적인 것부터 '멘사 퍼즐' 같이 고도의 사고력을 요구하는 것까지 다양하다. 어릴 때부터 어른과 함께 즐길 수 있는 퍼즐로는 스도쿠가 있다. 스도쿠라고 하면 어떤 의미에서 퍼즐의 고전이라고 할 수 있다. 스도쿠는 오일러가 개발한 '마술사각형'이라는 게임에서 유래한 것으로, 일본 출판사에서 '스도쿠'라는 브랜드로 퍼트렸다. 비슷한 퍼즐로는 마방진이 있다. 조선 시대부터 세종대왕을 비롯해 우리나라 선비들이 즐겼던 놀이다.

스도쿠는 가로와 세로 9칸씩 총 81칸으로 이루어진 정사각형의 가로세로 줄에 1~9의 숫자를 겹치지 않도록 적어 넣는 단순한 게임이다. 스도쿠가 복잡해 보이는 이유는 큰 사각형 안에 있는 가로세로 세 줄로 이뤄진 작은 사각형 안에서도 1~9가 겹치지 않아야 하기 때문이다.

이 게임을 통해 시행착오를 반복하다 보면 숫자를 다루는, 혹은 규칙을 알아내는 귀신이 될 수 있다. 처음 시작할 때는 간단해 보이는 것을 우선 선택하는 게 좋다. '아, 쉽네'라고 느끼면서 접근을 하고 아이에게 스스로 고르게 하는 것도 방법이다. 이런 퍼즐은 어릴 때부터 접하는 게 좋다. 〈수학동아〉 같은 잡지나 신문에 스도쿠가 실리는데, 온 가족이 모여 누가 먼저 푸는지 내기를 하는 것도 재미있다.

퍼즐앱은 더욱 다양한 자극을 준다. 같은 색끼리 연결하는 것은 언뜻 보면 쉬워 보이지만 전체적으로 공간을 입체적으로 볼 수 있는 능력이 있어야 한다. 연결할 때 꼬여버리면 안 되기 때문에 전체를 한꺼번에 보는 훈련을 하는 셈이다.

물 따르기는 다양한 색이 섞인 물병의 물을 같은 색끼리 따르는 게임으로, 따르는 순서가 중요하다. 순서에 따라 최소의 횟수로 같은 색끼리 모을 수도 있고, 순서를 달리하면 같은 색끼리 모으지 못하게 꼬여버릴 수도 있다. 이들 게임은 숫자냐 공간이냐 순서냐 같은 다양한 상황에서 몇 수 앞을 내다보는 법을 기를 수 있다.

5

공부의 기본 장착 프로그램

수학책 목차의 비밀

어떻게 공부를 할까, 뭐부터 공부할까, 약한 부분부터 할까, 선행은 어떻게 할까? 등 이 모든 질문의 답은 수학책 목차에 있다. 1, 2학기 수학책의 목차를 가만히 보면 서로 연관이 있다는 것을 알게 된다. 수학책의 목차는 그물코와 같다. 1, 2학기뿐 아니라 1, 2학년이 연결되어 있어 한 군데라도 그물코가 빠지면 제대로 연결되지 않는다. 순간적으로 모면할 수 없는 과목이 수학이다. 어려워했던 부분은 다음 학기에 다시 더 강력한 모습으로 나타난다.

만약 어렵게 생각하는 부분이 있다면 다음 단계와 연결하여 공부하는 것도 한 방법이다. 1학기에 두 자리 수의 덧셈과 뺄셈을 배웠다면 2학기에는 세 자리 수의 덧셈과 뺄셈을 배우게 되고, 1학기에 길이 재기에서 센티미터(cm)를 배웠다면 2학기에는 미터(m) 단위까지 배우게 된다. 범위가 좀 더 확대되는 것이다.

다음 학기나 다음 학년의 목차를 볼 때는 교과서의 목차보다는 문제집의 목차를 참고하도록 한다. 교과서의 목차는 덧셈과 뺄셈이라고만 나와 있지만, 문제집에서는 두 자리 수의 덧셈인지 세 자리 수의 덧셈인지 상세한 세부 목차가 나와 있어, 다음에 아이가 어떤 과정을 배울지 더 자세히 알 수 있다.

만약 두 자리 수의 덧셈을 어려워하고 잘 틀리는 아이라면 세 자리 수 덧셈은 더 힘들어할 것이다. 두 자리 수의 덧셈 부분을 충실히 해놓지 않으면 당장 다음 학기에 문제가 생긴다. 그러므로 덧셈을 할 때 두 자리 수와 세 자리 수를 연결해서 해놓는 것도 방법이다.

고학년이나 중학생이 되었을 때 수학학원에서 1학년 1학기를 한 다음 1학년 2학기를 하지 않고 2학년의 1학기를 하는 것도 이렇게 연결성을 강화하기 위해서이다. 일차방정식을 한 다음에 연립방정식을 하는 식이다. 이렇게 연결된 단원을 통해서 예습의 효과뿐 아니라 다지기의 효과도 노리는 것이다. 선행이나 복습을 할 때 엄마도 마찬가지의 방법을 이용할 수 있다. 목차를 잘 보고 서로 연결된 단원끼리 묶어서 공부하게 한다

이때 아이가 어려워하는 게 있다면 개념 정리부터 다시 시작해서 활용문제를 자기 것으로 만들 때까지 풀어보게 한다. 아이가 당장은 완전히 아는 것 같지만 다음 학기가 됐을 때 잊어버릴 수도 있는데,

그러면 전 학기의 교과서로 개념 정리를 다시 해주어야 한다. 이렇게 수학은 복습과 반복을 통해 실력이 다져진다. 수학책의 목차는 바로 복습과 반복을 효과적으로 잘하게끔 짜놓은 진행표라고 보면 된다. 수학은 목차 순서대로 공부해도 되지만, 약한 부분을 보충하거나 선행을 나갈 때는 목차를 활용해 나만의 공부 계획을 짜는 것도 필요하다.

학교 진도와 다른 공부 계획 세우기
-

초등학교 저학년 때는 수학 내용이 그리 어렵지 않고 유치원 과정에서 많은 것을 학습한 아이들은 1학년 수학이 너무 쉽다고 여길 수 있다. 아이들은 쉬운 내용을 계속 공부하는 것이 지루하고 재미없다. 그렇다고 마냥 놀리기에는 엄마 마음이 편치 않다.

사실 저학년 때는 하루에 30분씩만 수학에 투자해도 쌓이는 공부의 양이 엄청나게 많다. 초등학교 저학년 때 30분씩 공부하는 습관을 들이는 것은 중학교나 고등학교에서 매일 3시간씩 투자하는 것만큼의 효과를 거둘 수 있다.

돌이켜보면 사실 큰아이가 경시 공부를 하고 수학을 전공하기까지의 시발점이 초등 저학년의 하루 30분 수학 공부였다고 생각한다. 학교 교과 수학이 너무 쉽다 보니 아이에게 맞는 수학 문제집을 찾게 되고, 그걸 다 풀고 나면 다음 단계의 문제집, 그다음 단계……. 이렇게 학교 수학과는 다른 아이만의 진도를 나가다 보니 어느새 선행이 되어 있었고, 고학년이 되면서 자연스럽게 경시에 도전하게 되었다.

집에서 나만의 진도를 만들어 공부할 때는 어떻게 할까? 학교 진도를 따라가는 복습 위주의 방법과 학교 진도를 조금씩 앞서가는 선행 위주의 방법, 그리고 이 두 가지를 병행하는 방법이 있다. 복습과 선행, 이 두 가지를 병행하는 것이 사실은 가장 이상적이다. 조금 쉬운 문제집을 이용해서 학교 진도보다 한두 학기 정도 앞서 나가고, 조금 어려운 문제집을 한 권 준비해서 학교 진도에 맞추어 매일 풀어나가도록 한다. 이렇게 하는 이유는 선행학습과 실력 다지기를 함께 하기 위해서다.

만약 방학을 이용해 선행학습을 시작해 놓았다면 굳이 학교 진도에 맞추어 더 예습할 필요는 없다. 조금 어려운 문제집을 활용해서 다지기만 해나가면 된다. 선행의 시기가 문제일 뿐 선행과 다지기는 병행하는 것이 좋다.

이때 아이가 공부하기 싫어하거나 실력이 따라주지 않는다면? 선행학습보다는 다지기 위주로 해나가는 것이 바람직하다. 조금 쉬운 문제집과 그보다 조금 난이도가 높은 문제집, 두 권을 준비해서 학교 진도에 맞춰나가도록 한다.

자신만의 공부 계획을 세울 때 유의해야 할 점은 학교 진도다. 선행학습을 너무 많이 할 때 문제는 앞에서 배운 내용을 잊어버릴 수 있다는 것이다. 이는 다지기가 제대로 안 되어 생긴 문제다. 미리 조금씩 선행학습을 하더라도 학교 진도에 맞춰 깊이 있는 심화학습을 병행해나가면 이런 불상사는 없다. 선행학습이 되어 있다고 해서 학교 진도를 무시하는 우는 범하지 말자.

불변의 조건, 첫째 정확, 둘째 신속

수학을 잘하려면 두 가지 조건을 갖춰야 한다. 정확하게 풀고, 신속하게 푸는 것! 이 중에서 정확함이 먼저고 신속함은 그다음이다. 따라서 공부를 할 때 우선은 정확하게 푸는 연습부터 해야 한다. 정확하게 푸는 연습을 해나가면 나중에는 문제를 푸는 속도도 빨라진다. 그리고 이 정확과 신속이란 조건은 수능 문제를 풀 때도 그대로 적용된다. 심지어 다른 과목인 지문이 긴 국어를 풀 때도 마찬가지로 적용되는 방법이다.

아이 중에는 대충대충 빨리 풀려고 하는 경우가 많다. 반쯤 풀다가 이게 답이겠거니 하며 찍어서 맞히는 아이도 있고, 풀이 과정이 부정확해도 답만 맞으면 되지 않느냐는 아이도 있다. 하지만 수학은 과정 하나하나가 모두 중요하므로 끝까지 정확하게 풀려고 노력해야 한다. 그러기 위해서는 몇 가지 습관을 몸에 익히는 것이 좋다.

첫째, 문제가 요구하는 것이 무엇인지 파악하는 버릇을 들인다. 문제가 요구하는 것에 동그라미를 치거나 밑줄을 긋는다. 둘째, 풀이과정을 지나치게 건너뛰지 말고 순서대로 푼다. 셋째, 과정에서 틀린 것은 없는지 다시 한번 점검한다.

이렇게 꼼꼼하게 체크를 해가면서 풀어도 시간 안에 푸는 아이들이 있는 반면, 꼼꼼하게 풀지 않아도 시간이 모자라는 아이들이 있다. 저학년 때는 여간해서 시험시간이 모자라지 않는다. 그러나 어떤 아이들은 모르는 한 문제를 끝까지 풀려고 붙들고 있다가 시험을 망치기도 한다. 연습할 때는 한 문제를 풀 때까지 고민하는 것이 도움이 되지만 시험을 볼 때는 잘 모르는 문제는 다른 문제를 다 푼 다음에 마지막으로 끝까지 고민하도록 평소에도 연습하는 것이 좋다.

그러나 한두 문제를 몰라서 고민하느라 시험시간이 모자라서 시험을 못 친 게 아니고 평이한 문제를 푸는 데 시험시간이 모자란다면, 문제점이 무엇인지 빨리 파악해야 한다. 초등학교 2~3학년 때 시험시간이 부족하면, 고학년이 되거나 중·고등학교에 가서 수학 때문에 애먹을 여지가 많다.

만약 교과서 외에 문제집을 전혀 풀어보지 않아서 시험 치는 요령이 부족한 아이라면, 수학 공부를 본격적으로 시작해야 한다. 더 늦으면 수학을 포기하는 사태가 올 수도 있기 때문이다.

때에 따라서는 수학을 못하는 것은 아닌데 태생적으로 속도가 느린 아이도 있다. 워낙 속도가 느려서 꾸물거리느라 시험시간이 모자라는 것이다. 이런 아이들은 계산력에서부터 신속함을 강조해야 한다. 신속하게 계산하기 위해 시간을 재며 빨리 푸는 훈련을 시키는 것이 좋다.

시험시간이 모자란다고 대충대충 풀면 결과는 늘 같다. 대충 틀리지 대충 맞힐 일은 없는 것이다.

수학도 암기는 필수

-

사고력 수학학원에서는 수학의 개념이나 원리, 정리 등을 탐구하는 방식으로 알아가게 하거나 게임이나 문제를 해결해가면서 자연스럽게 개념을 깨우치게 한다. 이렇게 탐구 식으로 터득한 개념이나 공식은 쉽게 잊어버리지 않는다. 또 잊어버렸더라도 공식을 유도해내는 훈련이 되어 있어 결국은 공식을 알아낸다.

하지만 아이들이 처음 더하기를 배우고 연습을 많이 하다가 빼기를 배우게 되면 빼기를 하는 동안 더하기를 잊어버리는 것처럼, 간혹 개념이나 공식을 잊어버리기도 한다. 특히, 고학년이 되면 수학의 개념과 공식이 한층 늘어나 복잡해진다. 그러다 보니 정의나 개념, 공식이 점점 헷갈리기 시작한다. 공식을 암기하고 있으면 쉽고 정확하게 해결할 수 있는 문제도, 공식을 모르거나 다르게 알고 있으면 오래 붙들고 있어도 풀어낼 수 없다. 확실한 것은 공식도 자주 사용하지 않으면 누구나 잊어버린다는 사실이다. 왜 공식을 잊어버렸는지 아이를 탓해서는 안 된다. 중학생이 되어서도 간단한 삼각형 넓이 구하는 공식으로 답을 구하면서 나누기 2를 하지 않는 실수를 한다.

그러면 이렇게 잊어버리기 쉬운 개념이나 공식을 어떻게 해야 오래 기억하게 할까? 중요한 개념을 간추린 개념 수첩이나 공식집을 만들어 수시로 체크하도록 한다. 더불어 일명 '30초 찔러주기'를 하면 효과가 있다. 예를 들면, "사다리꼴 넓이 공식은?" 같은 식으로 물어보는 것이다. 반복적인 체크는 장기기억을 가능하게 한다.

공식의 암기가 특히 필요한 아이들은 수학 공부를 어려워하는 아이들이다. 수학을 잘하는 아이들은 개념뿐만 아니라 공식도 대부분 숙지하고 있다. 공식만 잘 외워 공식에 대입해서 계산할 수만 있어도 단순한 문제에서는 어느 정도 점수는 따고 들어간다.

응용력이나 사고력은 하루아침에 키워지지 않지만, 공식 암기는 노력만 하면 하루아침에 이루어진다. 따라서 응용력이나 사고력이 약한 아이들일수록 공식 암기는 절대로 물러설 수 없는 마지노선이다.

스토리텔링 문제는 실생활에서

교육부의 수학 교육 목표는 4차 산업혁명 시대에 맞는 인재를 양성하는 데 있다. 요즈음 초등학교 수학 교육에서 중요한 키워드는 창의 사고력 수학을 들 수 있다. 변화하는 기술 발전의 속도만큼이나 수학 교과서도 빠르게 변하고 있다. 단순한 문제보다 스토리텔링형, 융합형, 창의적 사고형으로 바뀌고 있다. 교구를 이용하고 게임이나 전략 찾기 등 아이들의 눈높이에 맞게 재미있는 방식으로 수학을 체험하면서 문제해결 방법을 찾아가게 한다. 모둠 수업을 통해 집단지성으로 문제를 해결하도록 유도하기도 한다.

사고력이란 바로 생각하는 힘이다. "사고력이 훈련한다고 좋아질 수 있을까? 창의성은 타고나는 것이 아닐까?"라는 질문을 많이 한다. 사고력과 창의력은 생각의 한 단계만 더 거쳐도 길러질 수 있다. 이 단계가 거듭되어 의미 있는 결과물을 도출해낼 때 사고력과 창의력은 꽃을 피우는 것이다. 사소한 질문 하나가 한 단계 더 생각할 수 있는 실마리를 던져주기도 한다.

아이들과 같이 컵에 두 가지를 골라 담을 수 있는 아이스크림을 사러 가면 늘 고민에 빠지곤 한다. 어떤 걸 두 가지 골라야 할지 한참을 고민한다. 아이들이 좋아하는 아몬드, 체리, 치즈, 민트 중에서 두 가지를 고르곤 했는데, 이럴 때 자연스럽게 질문 하나를 던진다.

"아이스크림 네 가지 맛을 서로 다르게 골라서 하루에 한 가지씩 먹으려면 며칠이 걸릴까?"

아이들이 열심히 생각해서 6일(아몬드와 체리, 아몬드와 치즈, 아몬드와 민트, 체리와 치즈, 체리와 민트, 치즈와 민트)라는 걸 알아내면, "아이스크림 종류가 다섯 가지로 늘어난다면?" 하는 식으로 질문을 하고 어떤 규칙이 있을지 생각해보게 하는 것이다.

인형 옷 갈아입히기를 좋아하는 여자아이라면 이와 비슷한 질문을 할 수 있다. 드레스 세 벌과 모자 두 개를 서로 다르게 입힐 수 있는 방법이 몇 가지일까를 생각하게 하는 것이다.

아이들이 어려워하는 분수의 개념도 실생활에서 쉽게 이해시킬 수 있다. 분모가 같은 분수의 덧셈은 분수의 개념을 배운 아이들이면 가능하지만, 분모가 다른 분수의 덧셈, 뺄셈은 약분 통분을 익혀야 가능하다. 하지만 과연 그럴까?

아이들이 분수를 익힐 때 질문 하나만 추가해도 약분 통분의 개념은 스스로 파악할 수 있다.

"샌드위치를 사서 반쪽으로 둘이 똑같이 나눴어. 먹기 전에 엄마는 다이어트 중이어서 반으로 나눈 것의 다시 반쪽을 잘라서 먹고 싶다고 했어. 샌드위치를 너 $\frac{1}{2}$쪽, 엄마 $\frac{1}{2}$쪽으로 나눴는데 엄마는 $\frac{1}{2}$쪽을 다시 $\frac{1}{2}$로 나누면 엄마는 전체의 몇 분의 몇을 먹게 되지?" 이 하나의 질문을 아이에게 던져보는 것이다.

이런 이야기를 통해서 아이는 자연스럽게 $\frac{1}{2}$은 $\frac{2}{4}$와 같다는 것을 알게 된다.

아이와 놀이를 하거나 쇼핑을 하면서 무심코 떠오르는 궁금증을 놓치지 않고 질문해보라. 아이의 두뇌를 자극하는…….

Part 3

우리 아이에게 딱 맞는
초등 수학 로드맵

무엇이든 익숙해지면 쉬운 법이다. 한번 실력의 도약을 맛보고 나면 두 번 세 번 도약을 목표로 하고 노력하게 된다. 천천히 한 계단씩 올라가는 것도 필요하지만 한 번쯤은 두 계단을 쑥 올라가는 힘도 필요하다. 도전 또한 자신에 대한 믿음이 만들어내는 힘이다. 엄마는 어떻게 아이의 도전을 응원해주고 아이 속에 숨은 힘을 이끌어낼 수 있을까?

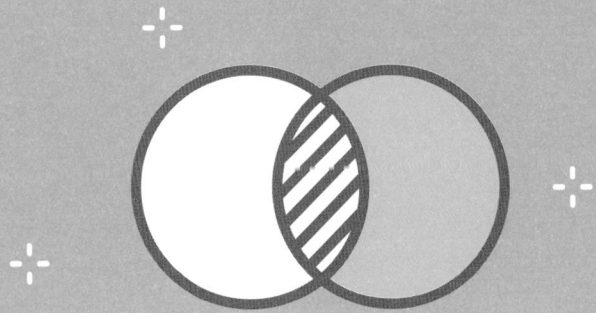

1
레벨별 업그레이드 플랜

옷처럼 꼭 맞는 문제집이 있다!

교과서가 아무리 잘 만들어졌다고 한들 교과서만 가지고 공부를 하는 것에는 무리가 있다. 수많은 경험이 축적되어서 실력이 만들어진다는 건 낮과 밤의 구분처럼 변하지 않는 사실 아닌가! 아이들의 문제 풀이 경험은 그만큼 중요하다.

엄마들은 아이가 2, 3학년쯤 되면 문제집에 대해서 슬슬 고민하기 시작한다.

'문제집, 거기서 거기다. 그러니 이왕이면 유명한 회사의 것이 좋겠지!'

이렇게 생각하는 엄마들도 있지만, 특징 있는 작은 출판사의 문제집이 좋다는 전문가의 추천도 있으므로 문제집에 대한 기본 정보를 알 필요가 있다. 단, 어느 문제집이 좋다고 하더라는 소문은 믿을 만한 정보가 못 된다.

정보 자체가 틀렸다는 게 아니라 내 아이에게 맞지 않을 수도 있기 때문이다. 문제집은 옷과 같다. 수준에 따라서 취향에 따라서 아이에게 필요한 문제집이 따로 있다. 그것을 선별해서 문제를 풀게 해야 효과적으로 실력 향상을 기대할 수 있다.

그렇다면 어떤 문제집을 사는 것이 좋을까? 문제집 종류보다 어쩌면 더 중요한 것은 선택권이다. 우선은 아이에게 문제집 선택권을 주도록 한다. 출판사별 많은 문제집 중에서 특히 아이들 마음에 드는 문제집이 있다. 그것은 내용보다 출판사 편집상의 기교 덕분일 수도 있지만, 아이에게 풀고 싶다는 마음을 먹게 하는 것이 내용보다 중요할 수도 있다.

또한, 어떤 엄마들은 책임감을 심어주기 위해서 문제집 선택권을 아이에게 양보한다. '네가 선택한 것이니 최선을 다하라'는 숨은 뜻이 담겨 있다. 일단 아이가 한 권을 선택하면 엄마가 아이에게 필요한 것을 한두 권 더 추천해주는 것이 좋다. 다만, 교과서와 같은 출판사의 문제집만을 선택하는 것은 피하는 것이 좋다. 두 권을 산다면 한 권은 교과서와 같은 출판사의 문제집, 한 권은 다른 출판사의 문제집을 선택하는 것이다.

난이도를 택하는 것도 물론 엄마의 몫이다. 문제집 뒷면이나 뒷면 안쪽에 그 출판사에서 나오는 문제집들이 모두 소개되어 있다. 책에

딸린 부제목은 그 책의 성격 및 난이도를 설명하는 역할을 한다. 맨 밑에 있는 책이 가장 낮은 단계의 책으로 기본서나 개념서다. 위로 올라갈수록 난이도가 높아진다. 서점에서 부제목과 내용을 살펴보면 왜 그런 부제목을 넣었는지 금방 알 수 있다.

책의 내용을 설명한 표지를 꼼꼼히 살펴보면 아이들에 맞는 책을 찾기가 쉬워진다. 예를 들어, 천재교육에서 나온 《해결의 법칙》 앞에는 개념, 또는 유형이라고 적혀 있다. 개념 《해결의 법칙》은 처음 배우는 학생들을 위한 개념서 또는 기본서이고, 유형 《해결의 법칙》은 유형문제 중심의 책임을 알 수 있다. 비상교육의 《개념 플러스 유형》은 한 권에 개념편 교재와 유형문제 중심의 문제집이 같이 있다는 의미이다.

문제집을 선택할 때는 한 권만 사지 말고, 두세 권 혹은 서너 권을 한꺼번에 사는 게 좋다. 아래 초등 수학 점프업 로드맵을 참고하여 실력에 맞는 진도서와 심화서, 점프업 교재를 구입하면 된다. 자신만의 진도에 맞는 수준별 문제집은 일상복, 특별히 강조해야 하는 건 외출복으로 준비하는 식이다.

초등 수학 점프업 로드맵

-

아래와 같이 진도서, 심화서, 점프업 교재를 준비하여 한 단계 도약을 준비해보자. 교재 선정은 디딤돌 출판사의 난이도에 따른 초등 수학

교재 구성을 참고하였다. 각 단계에 맞게 아이와 엄마가 선호하는 출판사의 문제집으로 대체하여 진행하면 된다.

단계	진도서	심화서	점프업 교재
최상위권	응용	최상위 수학	1, 2학년: 팩토, 1031 입문, 1031 초급 3, 4학년: 1031 중급, 필즈 수학, 경시 기출 5, 6학년: 경시 기출, 3% 올림피아드 1~2과정
상위권	기본+응용	최상위 수학 S 최상위 수학	1, 2학년: 팩토, 1031 입문 3, 4학년: 1031 초급. 5, 6학년: 3% 올림피아드 1과정
중위권	기본 계산력	응용 최상위 수학 S	1, 2학년: 팩토 3, 4학년: 최상위 수학, 5, 6학년: 최상위 수학 S, 최상위 수학
하위권	기본 계산력	기본+응용 응용	1, 2학년: 팩토 3, 4학년: 문제해결의 길잡이, 5, 6학년: 최상위 수학 S

최상위권은 기본서 빼고 응용서부터

단계	진도서	심화서	점프업 교재
최상위권	응용	최상위 수학	1, 2학년: 팩토, 1031 입문, 1031 초급 3, 4학년: 1031 중급. 필즈 수학, 경시 기출 5, 6학년: 경시 기출, 3% 올림피아드 1~2과정

최상위권 아이들은 수학을 아주 좋아하고 수학의 원리나 개념을 스스로 깨우치고 수학적 탁월함을 보이는 아이들이다. 이런 아이들은 《최상위 수학》 문제집도 어려움 없이 풀어내고 팩토나 1031 문제 유형을 오히려 좋아한다. 수학을 재미있어하고 공부도 잘하는 최상위권 아이들은 학교 진도와는 무관하게 자신의 실력에 맞는 능력별 학습을 진행해야 한다.

어떤 문제집을 몇 권이나 선택하면 좋을까?

이런 아이들은 진도서 문제집을 기본 과정보다 어려운 응용 문제집으로 진행해도 무방하다. 기본→응용의 2단계를 응용 1단계로 축소하여 시간을 절약해야 한다. 아는 것을 굳이 문제집 풀면서 시간을 흘려보낼 이유가 없다.

《최상위 수학》이나, 최고 수준의 문제집을 심화서로 한 권 더 풀게 한다. 이때 기본 개념 부분은 풀지 않고 건너뛰어도 된다. 문제집이라고 꼭 다 풀 필요는 없다. 영재학교나 과학고를 목표로 한 아이들은 적어도 한두 학년씩 선행을 하기도 한다.

심화서 외에도 이런 아이들에게는 점프업 교재가 필요하다. 《영재사고력 수학 1031》 초급을 시킨다면 A, B와 C, D를 격일로 2~6문제씩 번갈아 풀게 한다.

만일 경시대회에서 수상할 정도의 아이라면 양을 조금 늘려도 된다. 《초등 수학 3% 올림피아드 1과정》 같은 경우 1페이지씩 시켜도 좋고 일주일에 1강씩 풀게 하는 것도 좋다.

《전국 수학 학력경시대회 기출문제》(구 성대경시 기출문제)를 풀고 있다면 1~20번 문제까지는 건너뛰고 어려운 21번부터 30번까지의 문제를 일주일에 3~4문제씩 풀게 한다.

단계별 학습량은 진도서〉심화서〉점프업 교재,

단계별 학습 시간은 진도서〈심화서〈점프업 교재 순으로 반대이다.

상위권은 기본+응용서부터

단계	진도서	심화서	점프업 교재
상위권	기본+응용	최상위 수학 S 최상위 수학	1, 2학년: 팩토, 1031 입문 3, 4학년: 1031 초급 5, 6학년: 3% 올림피아드 1과정

상위권과 최상위권의 구분은 사실 모호하다. 이때의 기준은 경시대회나 영재고 준비 등으로 주변에서 바라보는 시선이 기준이 된다. 상위권 아이들은 최상위권은 아니지만, 학교에서도 두각을 나타내고 선생님이 수학적 재능이 있다고 인정하시는 정도의 아이들이다. 이런 아이들은 어떻게 이끌어주느냐에 따라 진로가 바뀔 가능성이 가장 큰 아이들이다.

실력 믿고 논다고 해서 하루아침에 점수 변동이 있지는 않겠지만, 서서히 누수가 시작되어 1년쯤 뒤가 되면 조금씩 표가 나기 시작한다. 반대로 꾸준히 노력하면 1년쯤 뒤부터 역시 도약이 가능하다. 수학은 기초체력이 있어야 하는 과목이다 보니 체력이 고갈될 때까지 겉으로는 잘 드러나지 않는다. 이 말은 상위권 아이들의 관리는 그만큼 더 지속적으로 은근히 해주어야 한다는 말이다.

진도서 문제집은 기본서가 아닌 기본+응용서부터 진행해도 무방하다. 2년 이상 진도 선행을 할 때는 경우에 따라 기본서로 진행하기도 한다.

심화서로는 자기 학년 진도를 나갈 때는《최상위 수학》으로, 선행할 때는《최상위 수학 S》를 시키는 것을 목표로 한다.

점프업 교재로는《최상위 수학》을 시작으로 하고 도형이 약하다면《영재사고력 수학 1031 도형 측정》등을 교재로 사용한다. 5학년 2학기 심화까지 진행했다면《초등 수학 3% 올림피아드 1과정》에 도전한다.

단계별 학습량은 진도서〉심화서〉점프업 교재,

단계별 학습 시간은 진도서〈심화서=점프업 교재 순서로 하는 것이 적당하다.

중위권은 기본 혹은 기본+응용서에 모자란 부분 추가

단계	진도서	심화서	점프업
중위권	기본 계산력	응용 최상위 수학 S	1, 2학년: 팩토 3, 4학년: 최상위 수학 5, 6학년: 최상위 수학 S, 최상위 수학

중위권 아이들은 가장 분포가 넓으며 학교 단원평가를 그리 어려워하지 않지만 심화문제를 주면 어려워하는 아이들이다. 중위권 아이들은 변수가 가장 많은 층이기도 하다. 조금 열심히 하면 상위권으로 도약할 수 있고, 조금 방심하는 순간 하위권으로 내려앉을 수 있으므로 특히 고학년을 앞두고 있다면 신경을 많이 써야 한다. 방학을 활용하여 실력을 점프업시켜주는 계기를 만들어준다면 자신감이 붙어 학습 의욕이 훨씬 강해질 수 있다.

중위권 아이의 경우 1학기나 1년쯤 선행할 때는 기본서를 진도서 문제집으로 선택하고, 현행 학기 예습을 한다면 기본+응용서부터 진행해도 무방하다. 때에 따라서 부족한 부분의 계산력 문제집을 추가해서 매일 1페이지씩 또는 하루 5~10문제 정도 풀게 한다.

심화서는 《디딤돌 초등수학 응용》과 같은 응용 문제집이나 《최상위 수학 S》 문제집을 풀게 한다.

점프업 교재는 《문제해결의 길잡이》나 《최상위 수학》을 조금씩, 매일 2~3문제 정도만 풀게 한다. 너무 어려운 문제는 건너뛰고 아이가 풀 수 있을 것 같은 문제집만 죽 풀게 한 다음, 방학을 이용해 못 풀고 지나간 문제들을 다시 풀게 한다. 못 푼 문제 중 일부만 풀 수 있어도 실력이 향상된 것을 인정하고 칭찬해준다.

단계별 학습량은 진도서〉심화서〉점프업 교재,

단계별 학습 시간은 진도서=심화서〉점프업 교재의 순서가 적당하다.

하위권은 계산력과 기본서 문제집으로 시작

단계	진도서	심화서	점프업 교재
하위권	기본 계산력	기본+응용 응용	1, 2학년: 팩토 3, 4학년: 문제해결의 길잡이 5, 6학년: 최상위 수학 S

하위권 아이들은 수학을 어려워하고 싫어하는 아이들이다. 우선 아이의 기초 학습 상태를 점검하는 것이 중요하다. 아이가 수학을 못 하는 원인도 분석해볼 필요가 있다. 3~4학년 이상에서 기초 계산력이 안 되어 있다면 현행 학년 학습에 흥미가 떨어지고 수학 수업 시간이 괴로울 수밖에 없다. 기초 계산력을 점검하고 안 되는 부분부터 차근차근 시킬 필요가 있다.

진도서 문제집은 계산력과 기본서 또는 개념서 문제집을 1대1 비율로 시킨다. 또, 집중력이 약하다면 계산력은 아침 시간 학교 가기 전에, 기본서는 방과후로 나누어 시키는 것도 방법이다.

심화서는 아주 기초가 없다면 문제 중심의 유형 문제집을 한 권 풀게 하거나, 응용 문제집에서 난이도 있는 부분을 제외하고 풀게 한다. 진도학습 기본서 1단원 마치고 2단원을 할 때 응용서 1단원을 풀게 하는 것이 1단원에 대한 이해력과 지속적 기억을 위해 도움이 된다.

이런 아이들은 문제 파악력이나 문제 이해력이 부족할 수 있기 때문에 점프업 교재로《문제해결의 길잡이》같은 문장이 긴 문제집에서 아이가 풀 수 있는 문제만 선별하여 하루에 한 문제라도 꾸준히 시키는 게 좋다. 만약 도형 부분이 약하다면 도형 중심의 문제집이 나와 있으므로 점프업 교재 대신 도형 문제를 단기간 시키는 것도 방법이다.

단계별 학습량은 진도서〉심화서〉점프업 교재,

단계별 학습 시간은 진도서〉심화서〉점프업 교재의 순서가 적당하다.

3학년의 로드맵은 이렇게

• 3학년(12월 기준) 학생의 진도 예시 로드맵 •

단계	진도서	심화서	점프업 교재
최상위권	응용(5-1)	최상위 수학(4-2)	1031 중급 A, D 3% 올림피아드 1과정 (5-1 심화가 끝나면)
상위권	기본+응용(4-2)	최상위 수학 S(4-1) or 최상위 수학(4-1)	1031 초급 or 경시 기출문제집
중위권	기본(4-1) 계산력	응용(4-1) or 최상위 수학 S(3-2)	최상위 수학 S or 최상위 수학(3-2)
하위권	기본(3-2) or기본+응용 (3-2) 계산력	기본+응용(3-2) or 응용(3-2)	최상위 수학 S(3-1) or 문제해결의 길잡이

아이를 위한 맞춤형 문제집 찾기

−

문제집은 난이도에 따라서 기본서→응용서→심화서→준경시문제집→경시문제집으로 나눌 수 있다.

1. 기본서 및 개념서

《EBS 만점왕 초등 수학》(EBS한국교육방송공사)

《디딤돌 초등 수학 기본》(디딤돌)

《개념클릭 해법수학》,《우등생 해법수학》(천재교육)

《큐브수학 개념》,《백점 수학》(동아출판)

《개념플러스 유형 라이트》(비상교육)

《우공비》,《라이트 쎈》,《개념 쎈》(좋은책신사고)

《포인트 왕수학》(에듀왕)

2. 응용 문제집

《해결의 법칙》,《수학리더》(천재교육)

《디딤돌 초등수학 응용》(디딤돌)

《큐브수학 실력》(동아출판)

《개념플러스 유형 파워》(비상교육)

《쎈》(좋은책신사고)

3. 심화 문제집

《최고수준 수학》(천재교육)

《큐브수학 심화》(동아출판)

《점프 왕수학》(에듀왕)

《최상위 수학 S》,《최상위 수학》(디딤돌)

《문제해결의 길잡이》(미래엔)

4. 영재원 대비, 본격 경시의 전 단계

《영재사고력 수학 1031》(시매쓰)

《올림피아드 왕수학》(에듀왕)

《3% 올림피아드》(디딤돌)

《필즈 수학》(매쓰러닝)

《최강 TOT 초등수학》(천재교육)

5. 계산력 문제집

《기탄수학》(기탄교육)

《상위권 연산 960》(시매쓰)

《최상위 연산 수학》(디딤돌)

《계산박사》(천재교육)

《소마셈》(소마)

《기적의 계산법》(길벗스쿨)

2

30일의 변화, 방학 활용법

도약의 디딤돌

-

상위권이든 중위권이든 하위권이든 아이들에게 도약의 계기가 있어야 한다. 자신만의 계획을 세워 공부할 수 있는 어느 정도의 물리적 시간이 필요한데, 방학이 바로 그 시간이 될 수 있다.

요즘은 방학이 짧아져 여름방학은 한 달이 채 되지 않고, 겨울방학은 두 달 남짓 된다. 여름방학은 가족여행 한 번 갔다 오면 훌쩍 지나간다.

상위권이든 중위권이든 하위권이든 늘 성적이 제자리걸음인 아이들이라면 한번은 방학을 통해 도약의 계기를 마련해주어야 한다. 이때 끊임없이 동기를 유발하거나 라이벌을 만들어주는 것도 도움이 된다. 아이의 실력이 어느 정도이든 방학 때는 나만의 목표와 계획이 있어야 한다.

방학을 구체적으로 어떻게 이용할까?

상위권으로 우수한 아이들은 '우물 안 개구리'에서 벗어나게끔 시야를 넓혀주는 게 좋다. 만약 이런 기회를 부모가 적절히 제시하지 못하면 아이는 늘 답보상태에 있을 가능성이 크다. 게다가 시간이 지날수록 아이들이 도약할 기회는 줄어든다. '이 정도면 되겠지?'라는 자기만족은 퇴보를 불러온다.

우물 안 개구리가 되지 않게 하는 가장 좋은 방법은 라이벌을 투입하는 것이다. 상위권은 KMC 등 사설경시를 이용하거나 친구와 누가 더 열심히 공부하는지 한번 경쟁을 해보는 것도 좋다. 이외에도 영재학급 준비를 하거나 학원의 특강반에서 공부하게 하는 것도 방법이다. 아이들은 노는 아이들과 어울리면 놀려고 하고 늘 도전하는 아이와 어울리면 도전하려고 한다. 이런 이유로 방학 때는 선의의 경쟁자 역할을 하는 친구와 함께 도전해보는 것도 좋다.

스스로 중간이라고 생각하는 아이에게는 어떻게 할까? 영민해 보이지 않고 썩 열심히 하지도 않는 아이에게 "전국 수학 학력평가에 한번 나가보지 않을래?"라고 권유한 적 있다. 아이는 은근히 좋아하면서 시험 권유를 받은 것만으로 어깨를 으쓱거리고 다녔다. 놀라운 것은 어려운 문제집을 몇 권 풀라고 해도 아무런 불만을 제기하지 않았다는 것이다. 아이가 문제를 대하는 태도가 조금 달라지더니 전국 수학 학력평가에서 금상을 받았다. 금상을 받자 아이는 더욱 몰라보게 달라졌다. 방학 중에 가족여행이 계획되어 있었는데도 수학 공부를 해야 한다며 가지 않겠노라고 선언했다. 방학 중에도 학원에 와서 2학기에도 금상을 받아야 한다며 의지를 불태웠다. 학기말 성취도 평가에서 수학을 100점 받은 건 물론 숙제를 정해준 분량 이상 해오는 등 열정을 보였다. 그러자 아이 주변의 친구들도 덩달아 공부를 하느라 학원 분위기가 바뀌었다.

이처럼 목표를 정하고 꾸준히 노력한 경험은 아이들에게 도약할 기회를 제공한다. 한번 도약할 기회를 만들어주면 아이들의 목표치는 점점 높아진다.

한 학기 앞선 맛보기 문제집으로 끌어주기

방학 기간을 활용해 자신감을 높일 방법은 없을까? 사실 방학은 예습을 위한 절호의 기회다. 적절한 수준의 예습은 다음 학기의 성적과도 연결이 되고, 미리 조금 해놓았다는 생각에 자신감도 생긴다.

예습을 위한 가장 좋은 방법은 한 학기나 한 학년 위, 혹은 중학교 문제집을 미리 사놓는 것이다. 고학년부터는 심화응용의 과정이 바로 중학교 과정일 정도로 서로 밀접하게 연결되어 있다. 그렇기 때문에 고학년 아이들은 중학교 문제집도 곧잘 풀어낸다. 5학년짜리에게 중1 과정의 문제집을 일부러 풀어보게 하면 보통은 어려울 것이라고 지레 겁을 먹는다. 그러나 막상 풀어본 뒤에는 눈빛이 달라진다.

"중학교 2학년 문제를 내가 풀었어."

자신감이 생기면 선행학습을 하기가 그만큼 쉬워진다.

방학 때 진도를 나갈 생각을 한다면, 문제집을 미리 사놓는 것도 좋다. 5-1 과정이 끝나고 6-1을 선행할 때는 가끔 문제집 개편 시기로 문제집을 구입하는 게 쉽지 않은 때도 있기 때문이다.

진도를 빨리 나갈 계획을 세운다면 중학교 1학년 1, 2학기 문제집을 같이 구입해서 어느 부분이 초등학교 교과서와 연결되는지 살펴보는 것도 필요하다.

벽 깨기 실천하기

방학 때는 나만의 스케줄이 있어야 한다. 복습하기, 선행 진도 나가기, 빠진 것 메우기 등 구체적인 계획을 세워 놓는 게 좋다. 많은 경우 학원에서 이런 방학을 이용해 특강이라는 '뺑뺑이'를 돌린다. 모든 아이가 학원으로 빨려 들어가서 휘저어진다. 그러다 보면 그 시스템 안에서 제자리를 지키는 것도 사실 어려운 일이다.

아이들은 모두 상위권이든 중위권이든 저마다의 벽을 가지고 있다. 특히 모르는 문제를 만났을 때 즉시 설명을 듣고 싶어 하고 누군가 가르쳐주어야 한다고 생각하는 수동적인 아이들의 벽은 다른 아이들에 비해 좀 더 견고하다. 스스로 해볼 생각조차 않는 아이들의 버릇을 고치기에 가장 적정한 시기는 바로 비교적 시간적인 여유가 있는 방학이다.

"혼자서 풀어봐. 생각해서 풀면 충분히 할 수 있어."

모른다고 짜증을 부리거나 설명을 요구하더라도 최대한 가르쳐주지 않고 문제를 스스로 해결하도록 한다. 처음에는 엄마가 답답해서 자꾸만 가르쳐주고 싶은 마음이 들 것이다. 아이로서는 엄마가 힌트를 주거나 어떻게 푸는지 가르쳐주면 자신의 머리를 덜 써도 되는 등 에너지가 절약된다고 생각한다.

그런데 실수를 하면서 배우는 게 더 큰 공부다. 도움받아가며 많은 문제집을 푸는 것보다 단 한 권을 풀더라도 스스로 터득해가며 훈련하는 게 백배 낫다.

수학경시대회에 나가면 꼭 85점을 받는 아이가 있다. 90점부터 상을 주는데, 한 문제 때문에 매번 상을 놓치는 것이다. 이 한 문제의 벽을 넘으려면 생각하는 습관을 길러야 하고, 혼자 푸는 근성을 익혀야 한다. 초등학교 때부터 스스로 벽을 넘는 버릇을 들인 아이는 근성이 길러져 어떤 상황도 극복할 수 있다. 그리고 그 벽 깨기의 시작점은 교과의 부담이 없는 방학이다.

학기 중 빈 곳을 찾아라!

한 학기 내내 관리를 하다가도 잠시 방심하는 경우가 생길 수 있다. 집안일이나 환자가 생겨서 아이에게 잠깐 소홀하면 십중팔구 그 시기는 흔들린다. 만약 집안에 일이 생길 때는 달력에 어떤 단원을 하고 있는지 체크해놓는 것이 좋다. 방학 때 그 부분을 보충하기 위해서다.

방학 때 할머니가 편찮으셔서 엄마는 병간호하느라 바쁘고, 전학 간 학교에 적응하느라 몇 달을 흘려보낸 아이가 학원에 들어온 적 있다. 차라리 단원시험에서 재시험에 걸렸으면 만회할 기회가 생겼을 텐데, 60~70점을 받는 바람에 그런 기회도 놓치고 말았다. 초등학교 때는 이렇게 한두 달 혹은 두어 달 공부를 안 하더라도 그 학년에서 문제가 발견되는 경우가 드물다. 대부분 위의 학년으로 올라갔을 때 문제가 감지된다. 이 아이의 경우에는 선행학습을 하다가 문제가 발견되었다. 약분과 통분을 못 해서 분수 계산을 전혀 해내지 못했다. 4, 5, 6학년 수학은 코바늘뜨기와 같아서 한 코를 놓치면 이상한 형태로 메워진 모습이 나중에 발견된다.

아이들은 이처럼 한두 달만 신경을 덜 써도 많은 걸 놓치게 된다. 중위권 아이인 경우는 '아차' 하는 순간에 하위권으로 밀려난다. 어른으로서는 몇 달이 그리 긴 시간이 아니지만 4, 5, 6학년 아이들에게 한두 달은 서너 단원을 배우는 시간이다. 이런 문제는 중하위권만의 문제는 아니다. 기본기가 탄탄할 거라고 믿는 상위권에서도 일어난다. 문제가 일어난 곳을 방학 때 메우고 가지 않으면 다음 학년에 누수로 이어진다. 방학 직전에는 지나간 반년을 돌아보고 누수가 생겼을 만한 시점을 체크하는 것이 필요하다.

최악의 경우는 방학 때 오히려 빈 곳이 더 생기는 경우다. 방학 내내 외국 여행을 하거나 해외에 있는 친척집에 방문하는 '경우도 있다.

여행 가서 수학 공부한다고 수학책을 들고는 가지만 제대로 되지 않는 경우가 많다. 여행을 다녀와서는 반드시 수학을 보충해주는 것이 좋다.

또한 캠프와 국내 여행 등으로 2주쯤 가볍게 흘려버리는 경우가 많은데, 그러다 아예 아이를 마음껏 놀게 하자는 마음으로 다니던 학원을 한 달 쉬는 일도 생긴다. 그러나 2주일을 쉰 것과 한 달을 쉰 것 사이에는 엄청난 차이가 있다. 다시 일상으로 돌아오는 데 걸리는 시간이 두 배로 길어지기 때문이다.

방학 한 달은 학교 다닐 때의 한 학기와 맞먹는다. 한 달을 알차게 보내느냐 놀면서 보내느냐에 따라 다음 학기 성적이 달라지는 건 어찌 보면 당연한 일이다.

3

오답노트 활용법

오답 관리는 아이의 수학 자산 관리

부자가 되기 위해서는 자산 관리를 해야 하는 것처럼, 아이의 수학 실력을 높이기 위해서는 아이의 수학 자산 관리를 해야 한다. 어떤 문제를 틀리고 맞혔는지를 보면 아이의 실력도 보이지만 약점도 잘 보인다.

특히, 틀린 문제와 틀린 답을 보면 약점이 분명해진다. 엄마들은 아이들의 실력을 객관적으로 한 번쯤은 검증해보려고 한다. 가장 쉽게 아이의 실력을 알아보는 방법은 어떤 문제를 틀렸는지 확인하는 것이다. 틀린 문제의 종류가 사고력을 요구하는 다소 까다로운 문제, 문장이 긴 스토리텔링형 문제, 더하기를 빼기로 하는 식의 잘못된 적용,

이상하게 자주 틀리는 유형의 문제, 단순한 계산상의 실수 등 무엇인지를 파악한다. 한 마디로 틀린 유형을 파악하는 것이다.

그런 다음 당연한 말이지만 시험을 보거나 문제집을 풀 때 몰라서 틀린 문제는 반드시 한 번 더 풀고 넘어가야 한다. 아이들은 처음 풀었을 때 틀린 문제는 이해하고 넘어갔더라도, 시간이 지난 다음에 다시 풀면 또 틀리는 경우가 많다. 오답노트를 만들라고 하는 이유는 틀린 문제는 다음에도 틀릴 가능성이 크기 때문에 다시 한번 확인하고 넘어가기 위해서다.

오답문제를 다시 쓰는 것이 시간이 걸린다면 문제집에서 오답문제만 체크해놓고 다시 풀게 한다. 이때 또 틀리면 다른 색깔로 표시해두었다 나중에 다시 한번 풀려본다. 여러 번 틀리면 아마도 알록달록한 색연필로 계속 체크되어 있을 것이다. 문제집을 여러 권 푸는 아이의 경우도 마찬가지다. 비슷한 유형을 다른 데서 맞혔을 수도 틀렸을 수도 있다. 다른 데서 맞혔으니까 알겠지 하고 슬쩍 넘어가지 않도록 한다.

아이가 쉽게 맞힌 문제는 기본 자산이라고 생각하면 된다. 중요한 건 마이너스 관리이며, 이때 오답문제를 하루에 한 개씩만 풀려도 아이의 성적은 쑥 오른다.

사실 중위권 아이들이 상위권으로 실력을 높이기 위해서는 뛰어넘어야 하는 단단한 층이 있다. 사고의 전환, 문제해결력 키우기와 같은 층을 뚫고 올라가야 한다. 그러기 위해서는 꾸준한 실력의 축적이 필요하다.

실력 축적의 가장 좋은 방법이 바로 오답문제를 한 문제 푸는 것이다. 오답문제가 너무 많다면 그중 한 문제를 골라 풀게 한다. 좀 더 효율적인 오답 관리를 해주기 위해서는 매일 다른 영역의 문제를 골라주는 것이 좋다. 오늘은 수·연산 관련 오답문제를 풀었다면 내일은 도형 문제, 다음날은 규칙찾기 같은 서로 다른 영역의 문제를 풀게 한다.

하루 한 문제 어려운 문제를 다뤄본다든지 못 풀어서 틀렸던 오답문제를 한 문제씩 푼다면, 만만하게 풀 수 있는 문제를 한꺼번에 많이 학습하는 것보다 훨씬 더 효과적이다. 만약 매일 어려운 문제 한 문제 푸는 것이 부담스럽다면 일주일에 한 번씩 몇 문제를 풀게 하는 것도 방법이다.

이런 경우 오답노트 쓰지 않아도 된다

오답노트를 쓸 때도 지혜를 발휘해야 한다. 오답노트를 적다가 기운이 빠져버리는 아이들도 있기 때문이다. 꼼꼼하지 않은 것도 문제지만 기계적인 꼼꼼함도 오히려 독이 될 경우가 있다. 특히 선생님이나 엄마가 지나치게 꼼꼼할 경우 아이가 공부하기 전에 이미 질려버린다.

그래서 몇 가지의 경우에는 오답노트에 적지 말라고 조언한다. 첫째는 오답이 너무 많아서 적을 수가 없는 경우다. 보통 70점 정도를 기준으로 주고, 70점 이하는 오답노트를 적지 말고 기초개념을 더 철저히 하거나 풀었던 문제를 나중에 다시 풀게 하는 방법으로 아이의 스트레스를 줄인다. 너무 많이 틀리는 것도 스트레스인데, 적을 내용이 너무 많으면 시간적으로도 불가능하기 때문이다.

그런데 틀린 문제들에서 특정한 유형이 보인다면 그 유형 중 한 문제만 적게 하는 것도 방법이다. 열 문제를 틀렸는데 그중에서 일곱 문제가 같은 유형이라면 한 문제만 적는 식이다. 너무 쉬운 문제나 간단한 문제도 적을 필요가 없다. 보았을 때 중요한 문제만 적게 하는 게 아이의 부담을 줄인다. 복잡하긴 하지만 계산 문제는 적지 않아도 된다. 계산력을 높이는 문제를 자주 풀게 하는 게 낫기 때문이다.

단순 실수도 오답노트에 적지 않는 편이 낫다. 정확하게 풀었는데 답을 옮겨 쓰는 과정에서 틀렸거나 단순한 계산상의 실수 등이기 때문이다.

오답노트를 적는 이유는 잘 몰랐거나 그전에 몰랐던 것, 답을 맞히긴 했지만 제대로 이해하지 못한 것을 적어서 모름에서 앎으로 나아가기 위해서이기 때문에 이 기준에서 벗어나는 것에 대해서는 융통성을 발휘할 필요가 있다.

일반적으로 오답노트에는 틀린 문제와 풀이 과정, 그리고 정답을 적는다. 왜 틀렸는지 그 원인까지 간단히 적으면 도움이 된다. 그러나 공부를 잘하는 아이들의 경우나 경시준비를 하는 경우에는 오답노트에 문제만 적기도 한다. 어느 정도 시간이 지난 뒤에 그 문제의 풀이 과정을 쓰도록 하는 것이다.

오답노트, 오답봉투, 오답문제집
-

오답을 정리한 오답노트의 힘은 고3 때까지 공부 좀 한다는 애들은 모두 다 쓰고 있는 방법이다. 그러므로 일찌감치 오답문제를 정리하는 버릇을 들여놓는 게 좋다. 최소한 3학년 때부터는 본격적으로 오답노트를 쓰고 있어야 한다.

물론 오답노트를 만들 때는 아이의 성향과 상황에 대한 체크가 필요하다. 보기 좋은 떡처럼 보기에 정성이 들어간 노트보다는 효율성을 선택하는 편이 낫다. 십인십색으로 다르게 오답노트를 만들 수 있다는 말이다.

꼼꼼하지 않은 아이지만 틀리는 개수가 많지 않다면 노트에 깨끗이 정리를 해서 쓸 수 있다. 그러나 꼼꼼하지 않은 아이가 많이 틀린다면 노트에 정리해서 쓰는 게 괴로움을 가중하는 형벌일 수 있다.

오답노트를 만들지 않고도 오답을 처리하는 방법이 있다. 이 방법 역시 넓은 의미에서 오답노트라고 부른다. 문제에 따로 체크해서 다시 풀어보거나 문제를 잘라서 봉투에 넣어 오답봉투를 만들 수도 있다. 틀린 문제를 사진을 찍어 사진 파일을 정리해 출력하면 오답문제집이 된다.

그런데 오답노트에 정리한 것을 틀리면 어떡할까? 그때는 오답의 오답노트를 만드는 게 좋다. 따로 노트를 만드는 게 아니라 오답노트에 체크를 하거나 문제집에 색이 다른 색연필로 체크를 하는 식이다. 오답노트보다 중요한 건 오답의 오답노트다. 진짜 약점이기 때문이다. 학년이 올라갈수록 이런 정리가 빛을 발한다.

　영재학교를 준비하거나, KMO 준비를 하는 학생들의 경우 문제를 잘라서 오답노트를 따로 만들어 관리하기도 하고 오답의 오답노트를 만들기도 한다. 큰아이의 경시 성적 뒤에는 이런 오답 관리의 힘이 있었다.

　요약하자면 오답노트는 어떤 형태든 상관없지만 관리는 반드시 필요하며, 이때 자신에게 맞는 방법과 쉽고 시간이 덜 걸리는 방법을 선택하는 것이 좋다!

4
고학년 엄마들에게 전수하는 공부 노하우

다 푼 문제집에서 계획과 대비책이 보인다

많은 엄마가 아이의 문제점을 어렴풋이 알고 있지만, 대책을 세워 적극적으로 해결해주려고는 하지 않는다. 또한, 많은 경우 아이에 대해서 계획을 세우지만 너무나 추상적으로 세운다. 엄마가 아이에 대한 장점과 약점을 알고, 그에 대한 대책을 세우는 것이 무엇보다 중요하다. 안 한다고 내버려둘 수도 없고, 학원에만 맡긴다고 해결되는 것도 아니다.

초등학교 저학년 때까지는 엄마의 노력이 곧 아이들의 실력과 점수에 반영된다. 엄마의 전략이 효율적일수록 결과가 좋다. 계획과 대비책을 세울 수 있는 객관적 기준은 여러 가지가 있지만, 그중에 하나가 '다 푼 문제집'이다.

다 푼 문제집은 교과서와 함께 버리지 말고 1~2년 정도 모아두는 것이 좋다. 교과과정이 계속 이어지기 때문이다. 특히 조금 뒤처지는 아이의 경우에는 바로 전 학년 교과서나 문제집을 보게 하면 도움이 될 때도 있다. 전 학년의 개념을 한번 읽어보고 개념을 이해한 후 용어를 외우면, 지금 들어가는 단원을 더욱 쉽게 이해할 수 있다.

또한, 기말고사 등을 볼 때 이미 틀린 문제들만 찾아 다시 풀어볼 수도 있다. 틀린 것을 반복해서 풀어보는 것이야말로 수학 실력을 쌓는 지름길이다.

"그때는 힘들었지만 지금 보니 쉽지? 어려워 보여도 사실은 단순한 문제야."

같은 도형 문제라도 3학년 때보다는 2학년 과정의 문제가 쉽다. 따라서 개념 정리를 확실히 한 다음 3학년 교과서, 문제집 순으로 풀어보면 더 쉽게 정리가 된다.

문제집을 모아두는 또 하나의 이유는 아이가 가지는 심리적인 측면 때문이다.

'내가 이렇게 많은 문제집을 풀었어! 그동안 공부 많이 했구나!'

이미 풀어놓은 문제집을 통해 아이는 그동안의 자기 노력을 직접 눈으로 확인할 수 있다. 보통 아이들은 한 학기에 세 권 남짓 문제집을 푸는데, 많이 푸는 아이는 그보다 더 풀 수도 있다. 따라서 1년 치만 쌓이면 엄청난 양의 문제를 푼 것처럼 보인다.

그러면 아이는 자신의 노력에 대해서 생각하게 될 것이다. 티끌 모아 태산을 이루듯 하루에 몇 문제씩 풀어서 쌓인 문제집을 보면, 자신이 노력한 결과물로 인한 실력 향상에 뿌듯함을 느끼게 된다. 또 다 푼 문제집을 보면서 다음 학기 공부 계획을 세울 때 난이도별 문제집 선정을 쉽게 할 수 있고 지난 학기 풀었던 문제집과 다른 출판사의 문제집을 선정해보는 것도 괜찮다.

문제 건너뛰기와 유형학습이 필요한 경우

아이들이 가장 싫어하는 날은? 엄마가 책상을 정리해주는 날이다. 주로 방학 전과 후, 시험 전에 많이 한다. 그런 날 엄마는 문제집을 하나하나 풀었는지 체크해보기도 한다. 가끔 건너뛰거나 안 푼 문제도 있다. 그러면 혼을 내기도 하고, 한 문제집이 완벽하게 끝나야 다음 문제집으로 넘어가도록 하는 엄마도 있다.

정해진 것을 안 했다면 하게 하는 것이 맞지만 한 권이 완벽하게 다 끝나야 다음 문제집으로 넘어갈 수 있는 건 아니다. 반대로 지금 있는 단원을 다 풀었어도 이해를 못 했다면, 다른 책에서 그 단원을 찾아 풀게 한다.

너무 어려워 잘 이해하지 못하는 문제는 풀지 않고 그냥 넘어갈 수도 있다. 반대로 너무 쉬운 문제도 그냥 넘어갈 수 있다. 아이의 상태에 따라 문제집을 푸는 방법 또한 달라져야 한다.

문제집을 풀다 보면 아이도 모르는 새 유형학습이 된다. 문제집을 많이 풀다 보면 알게 모르게 유형학습이 될 수밖에 없다. 같은 문제를 세 번 정도 풀면 웬만한 아이는 다 맞히지 않겠는가! 물론 그래도 틀리는 아이도 있지만.

유형학습은 경계해야 하는 것 중의 하나다. 주로 숙제가 많은 수학 학원의 경우 이러한 유형학습이 많다. 비슷한 유형의 문제를 계속 풀게 함으로써 문제의 유형에 대해서 어떻게 풀어야 하는지 익히게 하는 것이다.

이러한 유형학습을 경계하는 이유는 문제를 풀 때 창의력이 없어지기 때문이다. 생각해서 풀기보다 입력된 유형에 따라 문제를 풀기 때문에, 창의력이나 사고력을 필요로 하는 새로운 형태의 문제가 나오면 당황할 수 있다. 특히나 저학년 때부터 이런 버릇을 들여놓으면 문제 앞에 수동적인 아이가 된다.

그런데 유형학습을 목표로 하면 안 되지만, 문제를 풀다 보면 유형이 어느 정도 눈에 들어온다. 특히 성적이 잘 나오지 않는 아이는 유형을 익혀 문제를 풀다 보면 나중에 쉽게 이해가 되기도 한다. 그러면서 실력이 향상되기 때문에 유형학습이 꼭 나쁘다고만은 할 수 없다.

간혹 유형학습을 할 때도 있는데, 그때는 틀린 문제를 풀 때다. 틀린 문제와 비슷한 문제를 몇 개 더 풀게 해서 유형을 익히게 하는 것이다. 틀린 문제와 같은 유형이 문제를 다음 날 한두 문제 더 풀게 하는 것도 필요할 때가 있다. 특정 유형의 문제가 나오면 눈감고도 풀 수 있게 시키는 것을 경계할 뿐 오답 정리할 때는 어느 정도 필요하지 않겠는가!

아주 드물게, 문제를 풀 때마다 틀리는 아이들은 유형학습이 필요하다. 계속 끊임없이 같은 유형의 문제를 풀게 하면 어느 순간 문제를 해결하는 능력이 생긴다. 틀린 문제는 오답노트에다 적어놓는 것도 좋다. 적으면서 한 번 복습하는 효과가 있고, 다음에 그 문제를 볼 때 다시 한번 복습이 된다.

이렇게 문제를 풀 때 느린 아이는 다시 보고 가고, 빠른 아이는 조금 건너뛰며 갈 수 있다.

선행학습보다 예습 잘하는 법

예습은 보통 선행학습과 같은 뜻으로 쓰이지만, 엄밀히 말하면 다른 말이다. 예를 들어, 방학 동안 앞 학기 내용을 공부해두는 것은 예습이지만, 1~2년 과정의 진도를 꾸준히 앞서 나가는 것은 선행학습이다.

현재 선행학습을 하는 아이들은 계속 진행해나가면 된다. 반면 선행학습을 해본 적이 없는 아이라면, 방학을 이용해 다음 학기 예습을 시도해보는 것이 좋다. 예습해서 효과를 보는 아이들은 실력이 반에서 중간 정도 되는 즉 70~80점, 좀 더 넓게 잡으면 60~90점대의 아이들이다. 이들은 예습으로 충분히 도약의 발판을 마련할 수 있다.

이처럼 예습을 하는 이유는 미리 진도를 나가면, 나중에 심화학습을 진행할 계기를 마련할 수 있고, 잘하는 아이의 경우 좀 더 실력을 높일 수 있기 때문이다.

예습할 때는 몇 가지 요령이 있다.

첫째, 수학 용어를 미리 익혀놓는다. 수학 용어는 보통 수학의 개념을 드러낸다. 예습으로 각 단원의 학습이 끝나면, 교과서에 나오는 용어들을 다시 한번 숙지하고, 나중에 교과서가 끝날 때 다시 한번 전체적으로 점검해주는 것이 좋다. 문제를 이해하지 못해서 풀지 못하는 것을 막기 위함이다.

엄마는 교과서를 아이와 함께 보면서 말뜻을 물어본다. 아이가 어물쩍 대답하거나 전혀 엉뚱하게 대답하면 말뜻을 모른다는 증거다. 따라서 직선, 선분, 수직, 각, 직각, 지름, 반지름 등의 용어들을 미리 익혀두는 것이 좋다. 그 용어를 보고 정확한 수학적 표현을 하게 하는 것은 물론이고, 문제를 풀 때 용어에 대한 기본 지식이 없어 당황하는 일이 없도록 수시로 체크해주는 것이 필요하다. 자신이 없다면《수학 용어사전》등을 참고하면 된다.

둘째, 예습을 할 때 그 양은 어느 정도가 적당할까? 다지기가 먼저 되어 있다면 한 학기, 즉 6개월 정도는 앞서 나가도 된다. 예습할 때는 어려운 문제를 풀기보다 기본 개념에 충실한, 다소 난이도가 낮은 문제부터 풀어보는 게 좋다. 새 학기가 시작되면 학교 진도대로 따라가면서 난이도가 조금 높은 문제집으로 복습하도록 한다.

셋째, 예습을 할 때 교과서를 미리 풀어볼 필요는 없다. 방학 동안에 교과서를 미리 풀어주는 엄마들이 있다. 그러나 아이들이 먼저 교과서를 읽어보고 풀어보는 경우가 아니라면, 썩 권할 만한 방법은 아니다. 선생님께 배울 것을 미리 배우면, 아이들이 수업 시간에 지루해

할 수 있기 때문이다. 예습하는 것이라면, 방학 동안 다음 학기의 기본 개념이 충분히 설명된 문제집을 풀어보는 편이 낫다.

평범한 아이도 경시대회 문제를 접해보라

상위권 아이들은 경시대회 문제집을 한 학기에 한 권 정도 꼭 풀어보면 좋다. 일반 문제집에서는 접하기 힘든 수준 높은 심화문제를 다루다 보면 자칫 생길 수 있는 자만심이 없어지고, 교과서 위주의 문제들이 훨씬 더 쉽게 느껴지기 때문이다.

물론 부작용이 없는 것은 아니다. 1페이지에서 한 문제도 풀지 못할 경우, 엄마도 아이도 실망한 나머지 자칫 수학으로부터 멀어질 수 있다.

"평범한 애들은 한 문제도 풀기 어려울 정도래."

"잘하는 아이들도 평균 10~20점밖에 안 나온대!"

문제집을 풀기 전에 경시대회 문제집에 대해 아이와 얘기를 나누어 주눅이 들지 않게 해주자. 그리고 하루에 두세 문제씩 한 학기 또는 1년에 걸쳐 꾸준히 풀게 한다. 보통 경시문제가 30문제라면 21번부터 30번까지는 난이도가 아주 어렵고 평소 접하기 어려운 문제들이다. 그중 하루에 한 문제만이라도 스스로 해결하거나 완전히 자기 것으로 만든다면, 그 책을 통해 얻을 수 있는 효과는 엄마들의 상상을 초월할 것이다. 지구력과 인내심, 문제해결력, 사고력, 창의력을 키우기에 이보다 더 좋은 방법은 없기 때문이다.

　이런 문제의 좋은 점은 아이에게 모르는 문제를 잡고 문제와 씨름하는 것을 즐기게 해주기 때문이다. 쉬운 문제를 풀었을 때와는 전혀 다른 성취감을 느낀다. 그럴 때 자신의 실력이 점프하고 있다는 것을 느낄 것이다.

　수학 공부도 인생과 비슷하다. 도전의 경험이 많은 아이가 도전을 두려워하지 않는다. 이미 어려운 문제를 통해 몇 번의 점프를 한 아이라면 자기 자신을 믿는다. 설령 문제를 풀지 못하더라도 자신은 풀기 위해 최선을 다할 것이며, 언젠가는 자신이 풀 수 있으리라고 생각한다. 공부의 경험은 넓게 얇게도 필요하지만, 간혹 깊게 하는 것도 필요하다.

엄마가 알아야 할
수학 교과서

초등학교 수학 과정은 아이의 수학적 바탕의 토대가 된다. 중·고등학교 공부를 위해 기초를 철저히 잡아놓는 것이 초등학교 수학의 목표다. 따라서 초등학교 전 과정에서 개념을 잡아놓는 것은 아주 중요하다. 배우고 익힌 개념을 이용해 다양한 수준의 문제로 수학 실력을 확장시킬 수 있다. 얼마만큼 끌어올릴 수 있을지는 아이의 의지지만 엄마는 뒤에서 빠진 것들을 체크하고 보충해주는 역할을 해야 한다.

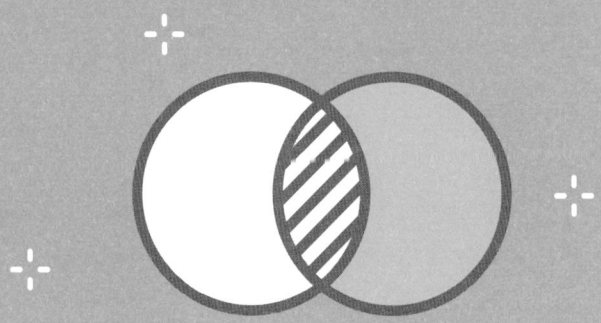

1
1학년
수학의 포인트

　공부를 처음 시작하는 1학년은 선생님들이 가장 어려워하는 학년이다. 아이들의 수준 차이가 크기 때문이다. 집에서 그동안 열심히 공부한 아이, 놀았던 아이, 다양한 아이들이 한 교실에 앉아 있다. 1학년 때는 '수학은 재미있는 과목'이라는 생각만 들게 하면 된다.

　초등학교 1학년 교과서를 보면 1학년 1학기 때 배우는 것은 50까지의 수에 불과하다. '설마 이것도 모를까?' 싶을 정도로 쉬워 보인다. 2학기에 가야 100까지의 수를 다룬다. 1학년 교과서를 보면 유치원 때 배운 것보다 쉽다고 생각할 수도 있다. 그러므로 교과서로만 공부해서는 안 된다. 초등학교 전 과정, 특히나 1학년 때는 교과서에 나온 개념을 철저히 익히고, 그것과 관련되어 확장된 개념까지 익혀둘 필요가 있다.

1학년 수학 교과서 차례

—

1학년 1학기

- 1단원: 9까지의 수

  9까지의 수 읽고 쓰기, 수의 순서 알기, 하나 더 많은 것과 적은 것 알기, 0 알기, 두 수의 크기 비교하기

- 2단원: 여러 가지 모양

  여러 가지 모양(상자모양, 둥근 기둥모양, 공모양) 만들기, 여러 가지 모양 알아보기, 여러 가지 모양으로 만들어보기

- 3단원: 덧셈과 뺄셈

  더하기는 어떻게 나타낼까, 덧셈해보기, 빼기는 어떻게 나타낼까, 뺄셈해보기, 0을 더하거나 빼보기

- 4단원: 비교하기

  크기가 다른 길이 비교하기, 어느 쪽이 더 무거울까, 어느 쪽이 더 넓을까, 어느 것에 더 많이 담을 수 있을까

- 5단원: 50까지의 수

  9 다음 수는 무엇일까, 십 몇 알아보기, 10씩 묶어 세어보기, 50까지 수 세기, 수의 순서 알기, 두 수의 크기 비교

1학년 2학기

- 1단원: 100까지의 수

  몇십 알아보기, 99까지의 수 알아보기, 수의 순서 알아보기,

수의 크기 비교하기, 짝수와 홀수 알아보기

- **2단원: 덧셈과 뺄셈(1)**

  덧셈하기, 그림 보고 덧셈하기, 뺄셈하기, 그림 보고 뺄셈하기

- **3단원: 여러 가지 모양**

  여러 가지 모양(삼각형, 사각형, 원, 상자모양, 둥근 기둥모양, 공모양) 찾아보기, 여러 가지 모양 알아보기, 여러 가지 모양 꾸미기

- **4단원: 덧셈과 뺄셈(2)**

  세 수의 덧셈과 뺄셈, 두 수의 덧셈, 10이 되는 더하기, 10에서 빼기, 10을 만들어 더하기

- **5단원: 시계 보기와 규칙찾기**

  몇 시 알아보기, 몇 시 30분 알아보기, 규칙을 찾아 말하기, 규칙을 찾아 여러 가지 방법으로 나타내기, 규칙을 만들어 무늬 꾸미기, 수 배열에서 규칙 찾아보기, 수 배열표에서 규칙 찾아보기

- **6단원: 덧셈과 뺄셈(3)**

  10을 두 수로 가르기, 10이 되도록 두 수 모으기, 덧셈하기, 뺄셈하기

  ※문제집마다 소제목 차례는 조금씩 다르다.

수 가르기와 모으기

수 가르기와 모으기는 왜 할까? 수 가르기와 모으기는 연산 등 수학을 하는 데 아주 중요한 바탕이 된다. 덧셈과 뺄셈의 기초를 확고히

하는 데 도움을 줄 뿐만 아니라, 수의 성질과 수와 수 사이의 관계를 직관적으로 익힐 수 있게 해준다.

5는 1과 4, 2와 3, 3과 2, 4와 1로 나눌 수 있다. 반대로 1과 4를 모으면 5가 된다. 마찬가지로 2와 3, 3과 2, 4와 1을 모아 5를 만들 수 있다. 1과 6, 2와 5, 3과 4, 4와 3, 5와 2, 6과 1을 모으면 7이 되고, 또 7은 1과 6, 2와 5, 3과 4, 4와 3, 5와 2, 6과 1로 가를 수 있다. 이것을 기호로 나타내면 1+6=7이고, 7-1=6이다.

가르기와 모으기를 활용하면 많은 문제를 낼 수 있다. 귤 5개를 가를 때 귤 4개와 1개, 2개와 3개, 3개와 2개, 4개와 1개로 각각 나눌 수 있다. 시험에는 단순하게 가르는 문제만 나오는 것이 아니라, 그것을 활용해서 '귤 5개를 내가 동생보다 1개 더 많이 가지도록 하려면 나는 몇 개를 가져야 할까?' 하고 물을 수 있다. 내가 3개, 동생이 2개일 때가 정답이다.

한발 더 나아가 1학년 2학기에는 10 가르기와 모으기를 한다. 예를 들면, 이런 식이다.

'10개의 사탕을 동생과 나눠 먹으려 합니다. 내가 동생보다 4개 더 많이 먹으려면 나는 몇 개를 가져야 할까요?'

10을 1과 9, 2와 8, 3과 7, 4와 6, 5와 5로 가르는 것은 어렵지 않다. 그러나 두 수의 차가 4가 되는 수를 구하기는 1학년에게 쉽지 않은 문제다. 이외에도 가르기와 모으기는 여러 가지 방법으로 응용된다. 이러한 응용의 과정은 2학년과 3학년 과정으로 연결된다. 가르기와 모으기는 모든 연산의 기초가 되기 때문에 철저한 훈련이 필요하다.

이를테면 '더해서 5가 되는 두 수를 모두 쓰시오'라는 문제는 초등학교 1학년 문제다. 답은 (1과 4), (2와 3), (3과 2), (4와 1)이다. '더해서 5가 되고 곱해서 6이 되는 두 수를 찾아라'라는 문제는 초등학교 2학년 문제다. 이 경우 답은 2와 3이다. '2차 방정식 $x^2+5x+6=0$의 해를 구하시오'라는 문제는 중학교 3학년 문제다. 이 식의 답은 더해서 5가 되고 곱해서 6이 되는 두 수를 찾는 것이다. 제곱수의 개념이 들어 있기는 하지만 초등학교 2학년 때 배운 것을 그대로 활용하는 셈이다.

10이 되는 짝꿍수 찾기

가르기와 모으기 중에서 10이 되는 두 수를 보수(補數) 혹은 짝꿍수라고 한다. 1과 9, 2와 8, 3과 7, 4와 6, 5와 5, 6과 4, 7과 3, 8과 2, 9와 1이 10이 되는 짝꿍수이다. 짝꿍수는 유치원생이나 1학년들이 가장 많이 연습하는 것 중 하나이다. 어른들은 이 과정이 머릿속에서 순식간에 이루어지지만, 아이들은 그 계산과정에 익숙하지 않다. 퍼즐 맞추기처럼 숫자 7을 보면 숫자 3이 자동 연상될 때까지, 1에서 9까지의 짝꿍수 찾기 연상 훈련을 시키는 것이 좋다. 짝꿍수 찾는 것이 숙달될수록 계산의 속도를 높일 수 있다.

짝꿍수는 덧셈과 뺄셈의 기초가 된다. 10진법 계산에서 받아올림과 받아내림을 할 때 10이 되는 짝꿍수는 너무나 중요하다.

예를 들면 9+3=9+1+2=10+2=12로, 10이 되는 9의 짝꿍수 1보다 큰 3은 1과 2로 가르기를 해서 9와 1을 모아 10으로 만들어주고, 남은 2를 합하여 12가 되게 하는 것이다. 이러한 덧셈 과정이 순간적으로 일어나게 하기 위해서는 짝꿍수 찾기를 아무리 많이 해도 지나치지 않다. 짝꿍수 찾기가 계산의 속도를 좌우한다고 해도 과언이 아니다.

또 2학년 과정에서 '두 자리 수 더하기 두 자리 수'를 계산하는 데도 짝꿍수를 응용할 수 있다.

57+19를 계산할 경우, 다음과 같은 여러 가지 방법이 있다.

```
1)  57        2)  57
   +19           +19
   ───           ───
    76            16
                  60
                 ───
                  76
```

3) $57+19=57+10+9=67+3+6=70+6=76$

4) $57+19=57+3+16=60+10+6=70+6=76$

5) $57+19=56+1+19=56+20=76$

이렇게 다양하게 짝꿍수를 이용해서 문제를 해결할 수 있다. 자신에게 편리한 방법으로 문제마다 좀 더 쉽게 푸는 방법을 그때그때 찾아가는 것이다.

3학년의 덧셈과 뺄셈 단원에 나오는 '세 자리 수 더하기 세 자리 수'도 마찬가지다. 여러 가지 방법으로 계산할 수 있는데, 이러한 받아올림이 있는 세 자리 수의 덧셈도 기본은 짝꿍수에서 출발한다.

217+295를 계산할 경우, 다음과 같은 방법들이 있다.

1) 217+295=217+300-5=517-5=512
2) 217+295=210+290+7+5=500+12=512

1)의 풀이와 같이 5의 짝꿍수가 5여서 5+5=10이고, 290에 10을 더하니 300이 되었다, 라는 계산법보다 295는 300에 가까운 수라는 것을 직관적으로 파악하고, 300이 되려면 몇이 필요한가를 생각해 5의 짝꿍수를 찾아내는 것이 훨씬 빠르다.

2)의 풀이는 짝꿍수를 문제 안에서 찾아내어 곧바로 응용한 것이라 할 수 있다. 각 자리 수의 숫자끼리의 합이 짝꿍이 되는 수가 1과 9라는 것을 직관적으로 발견, 210과 290을 곧바로 500으로 계산해낸다. 그런 다음 7+5=7+3+2=10+2=12라고 계산한 것이다.

한 자리 수 더하기 한 자리 수

짝꿍수의 개념을 이용한 18 이내의 더하기, 즉 '한 자리 수 더하기 한 자리 수'의 덧셈은 모든 계산의 핵심이다. 이 부분이 잘되어 있다면 계산력은 완성되었다고 볼 수도 있다. 반대로 이 부분이 안 되어 있으면 특히나 뺄셈을 제대로 할 수 없다. 덧셈, 뺄셈이 안 되는데 곱셈, 나눗셈이 제대로 될 리 없다. 따라서 '한 자리 수 더하기 한 자리 수'를 가능한 한 많이 시키는 게 좋다. 굳이 '두 자리 수 더하기 두 자리 수'로 조급하게 건너뛸 필요는 없다.

특히, 아이들이 계산하는 데 시간이 걸리고, 잘 틀리는 문제들을 많이 연습해두는 것이 좋다.

예를 들면, 3+8, 4+7, 4+8, 5+6, 5+7, 5+8, 6+5, 6+7, 6+8, 7+4, 7+5, 7+6, 7+8, 8+3, 8+4, 8+5, 8+6, 8+7 등이다.

7+8, 6+5를 자주 틀리는 아이에게 67+58이나 5748+6587을 계산하게 한다면? 역시 틀릴 확률이 높다. 이런 아이가 778×16을 계산한다면 어떻게 될까?

곱셈하는 데도 역시 6+8, 6+7, 4+7이 나온다. 이 과정에서 하나라도 틀린다면 이 계산과정 자체가 틀린 것이 되기 때문에 '한 자리 수 더하기 한 자리 수'를 완벽하게 할 줄 알아야 한다.

$$\begin{array}{r} 778 \\ \times16 \\ \hline 4668 \\ 778 \\ \hline 12448 \end{array}$$

'네 자리 수 곱하기 세 자리 수' 또는 '네 자리 수 나누기 두 자리 수' 같은 큰 수의 곱셈과 나눗셈에서 아이가 틀리면, 엄마들은 흔히 몰라서 틀린 게 아니라 더하기 빼기의 실수로 틀렸다고 대수롭지 않게 여긴다. 하지만 '네 자리 수 곱하기 세 자리 수'를 계산하는 과정에서 구구단을 아무리 완벽하게 외워 곱셈을 정확히 했다 할지라도 덧셈 과정에서 틀리면 복잡한 계산을 다시 해야 한다. 이러면 아이는 점점 계산을 싫어할 수밖에 없다.

2

1학년 엄마라면
이것만은 꼭

10진법의 이해

10진법은 참으로 위대한 인류의 발견이다. 0부터 9까지 10개의 숫자를 가지고 표현하지 못하는 수가 없다. 1학년 때는 숫자를 가지고 21, 31, 41, 51 등 수를 표현하는 법을 익히고, 수 사이의 규칙을 알아내며, 연산하는 등 10진법에 대해서 알아가게 된다.

1학년 1학기에 나오는 9까지의 수, 덧셈과 뺄셈 단원의 가르기와 모으기, 50까지의 수, 그리고 2학기에 나오는 100까지의 수, 덧셈과 뺄셈의 10을 두 수로 가르기와 10이 되는 두 수 모으기를 하려면 10진법에 대한 이해가 있어야 한다.

10진법은 손가락 숫자와 같아서 간단한 덧셈, 뺄셈은 손가락셈으로도 할 수 있다. 2진법, 12진법, 16진법, 60진법 등 다양한 진법(進法)이 있지만, 손가락셈이 가능한 10진법만큼 쉽고 편한 것은 없다.

10진법은 왜 10진법이라 부를까? 10진법은 10이 되면 한 자리 수를 올려주는 계산 방법이다. 0, 1, 2, 3, 4, 5, 6, 7, 8, 9 딱 10개의 숫자를 사용해서 표시하며, 10부터는 두 자리 수가 된다. 즉 10이 되면 묶음이 되어 다른 자리 수로 올라간다. 자리 수란 10진법에서는 1의 자리, 10의 자리, 100의 자리와 같이 묶음의 단위를 일컫는 말이다. 자리 수를 분명히 해야 하는 까닭은, 1의 자리와 10의 자리가 뒤섞여버리면 복잡한 계산을 할 수 없기 때문이다.

10진법에서 계산은 어떻게 할까? 무조건 10이 넘으면 한 자리 올려준다. 1의 자리에서 올려주면 10의 자리로 가고, 10의 자리에서 올려주면 100의 자리로 간다. 자리 수가 변하는 것이다. 만약 사과 5개에다 사과 7개를 더하면 12개가 된다. 사과가 12개면 10개짜리 묶음이 1, 그리고 낱개가 2이며, 12로 표시할 수 있다. 또한 이것은 10+2이다. 10개짜리 묶음이 1개면 10, 2개면 20, 3개면 30이다. 만약에 사과 50개와 70개를 더하면 10의 자리에서 12가 되므로, 1을 100의 자리로 올려주고, 2는 10의 자리에 남겨두어 120으로 표시한다.

🍎🍎🍎🍎🍎🍎🍎🍎🍎🍎 →10 + 2 → 12 → 열둘

10진법의 개념이 잘 이해되면, 묶음의 개수 세기나 올림 등 10진법과 연관되어 나오는 문제를 충분히 풀 수 있다.

묶음의 개념

숟가락 하나에 젓가락 2개가 하나의 묶음이다. 연필 한 타는 12자루이며, 1시간은 60분이다. 이런 것들은 모두 묶음 개념으로 설명할 수 있다. 묶음 단위로 계산되는 것은 또 사실상 진법이라고 할 수 있다. 5진법, 10진법, 12진법, 60진법 등으로 표현할 수 있다. 묶음의 개념을 이해하는 것은 물론, 표현하는 법도 알아야 한다.

문제) 5개씩 들어 있는 사탕을 여러 가지 종류로 3봉지 사서 왔다. 집에 와서 보니 사탕 3개가 더 있었다. 사탕은 모두 몇 개일까?

문제) 10개짜리 바나나가 4송이 있었는데, 한 송이에서 3개를 먹어버렸다면 바나나는 몇 개 있을까?

아이들이 틀리기 쉬운 것은 묶음이 몇 개인지 세는 것이다. 10개짜리 바나나가 3송이 있다면 바나나는 모두 30개이지만, 10개짜리는 3송이가 있다. 어떤 아이들은 10개짜리 송이가 30개 있다고 표현한다. 묶음의 개수와 묶음이 나타내는 수를 혼동하는 것이다. 따라서 묶음의 개수를 묻고 있는지, 낱개의 개수를 묻고 있는지, 총 개수를 묻고 있는지 질문의 의미를 명확히 파악하는 훈련이 필요하다.

묶음과 낱개는 1학년 2학기 때 나오는 수막대로 계산하는 것과 원리가 같다. 낱개가 10개 모이면 수막대 하나가 된다. 수막대가 나타내는 수는 10이지만, 수막대의 개수는 1이다. 마찬가지로 수막대로 계산하거나 수막대를 이용한 문제를 풀 때, 수막대의 개수를 묻는 것인지, 낱개를 묻는 것인지, 총 개수를 묻는 것인지 질문의 의미를 명확히 파악해야 한다.

등호의 개념

등호는 수학에서 반드시 같을 때만 사용하는 부호다. '무엇과 무엇이 같다'라고 할 때 등호, 즉 '='을 사용한다. 등호는 아주 중요한 수학 기호이며, 등호와 더불어 사용하는 A 〈 B (A는 B보다 작다, B는 A보다 크다), A〉B(A는 B보다 크다, B는 A보다 작다)의 부등호도 수학의 기호이다. 등호와 함께 부등호도 알려주도록 한다.

등호는 다음의 경우에 사용한다.

'언니는 사과 4개를, 나는 사과 3개를 가지고 있습니다. 언니와 내가 가지고 있는 사과는 모두 몇 개일까요?'

이것은 4+3=7로 표현한다. 읽을 때는 "사 더하기 삼은 칠과 같습니다"라고 읽는다.

계산할 때 3+4=6이라고 답을 했다면, 이때 틀리다는 근거가 되는 것이 바로 등호이다. 만약 3+4〉6라고 했다면 이 식은 성립한다. 즉 답이 되는 것이다. 또 3+4〈6라고 했을 때는 틀린 답이 된다.

세 수의 덧셈을 할 때 등호의 중요성은 더 커진다.

7+3+2=□+2=○에서 아이들은 자주 7+3+2=12+2=14로 답을 쓰곤 한다. 물론 이 답은 틀렸다. 7+3+2와 12+2는 서로 같지 않기 때문이다.

초등학교 1, 2학년 때에는 계산하는 과정을 상세히 보여주는 문제들이 많이 나온다. 위의 문제도 세 수의 덧셈을 할 때 먼저 7+3=10을 구한다. 따라서 □안의 수는 10이 된다. 다음에 10+2=12를 도출하는 문제인 것이다.

아이들은 숫자가 커져도 이런 실수를 많이 한다. 그러나 등호에 대해서 철저하게 훈련을 해놓으면 이런 실수를 하지 않게 된다. 이런 개념이 확실히 자리 잡고 있지 않으면 실수를 자주 하게 되는데, 특히 복잡한 식의 계산이나 방정식을 풀 때 그럴 수 있다.

수와 관련된 표현을 익힌다

전혀 연관이 없을 것 같지만 어휘력과 수학은 밀접한 관계가 있다. 초등학교 저학년의 경우 그것을 더욱 절실히 느끼게 된다. 말의 뜻을 이해하지 못해 문제를 풀 수 없는 경우가 생기는 것이다. 특히 스토리텔링형 문제의 경우 덧셈을 해야 할까, 뺄셈을 해야 할까, 아이들은 헷갈린다.

문제1) 3보다 1 더 큰 수는 얼마인가요?

문제2) 학교 도서관에 3명의 어린이가 책을 읽고 있었는데 한 어린이가 더 들어왔습니다. 도서관에 있는 어린이는 모두 몇 명일까요?

문제3) 나는 사탕을 3개 가지고 있는데, 형은 나보다 사탕을 1개 더 많이 가지고 있습니다. 형이 가지고 있는 사탕은 몇 개일까요?

    같은 것을 묻는 말이지만, 표현은 다 다르다. 3+1=4라는 것은 쉽게 알지만, 같은 말을 스토리텔링형 문제로 바꾸면 이렇게 복잡해진다.
    문제를 풀려면 묻는 말을 잘 이해하는 게 필수다. 덧셈인지, 뺄셈인지 잘 파악해야 한다. 어른들은 '어떻게 그런 것을 틀릴 수 있을까?'라고 생각하지만, 예상외로 아이들은 한참을 고민한다.
    '시골 할머니 댁에 가는데, 버스를 타고 20분을 간 다음 내려서 10

분을 더 걸어서 갔다면 할머니 댁까지 가는 데 걸린 시간은 몇 분일까요?'

여기서 어떻게 갔는지는 중요하지 않다. 묻는 것은 할머니 댁까지 가는 데 걸린 시간이다.

'어항에 물고기가 두 마리 있었는데, 어머니께서 오늘 세 마리 더 사 오셨습니다. 물고기는 모두 몇 마리일까요?'

'나는 사과를 2개, 동생은 배를 2개 가지고 있습니다. 동생과 내가 가진 과일은 모두 몇 개일까요?'

이런 유형의 문제들은 말을 아무리 늘어놓더라도 단순한 더하기다. 그런데 답에다 4개라고 쓰지 않고 '사과 2개, 배 2개'라고 쓰는 아이도 있다.

오늘 사 온 물고기의 개수만 생각해서 세 마리라고 쓰는 아이도 있다. 아직 문장 속에서 수학적 표현을 찾아내어 식으로 연결하는 데 익숙하지 않은 것이다. 2+3=□, 2+2=□를 쉽게 푸는 아이들도 이렇게 스토리텔링형 문제를 내면 해결하지 못하는 경우가 종종 있다.

눈치가 빠른 아이 중에는 '모두', '더', '합하면' 같은 말이 있으면 덧셈이라는 것을 알아채고 미리 덧셈을 한다. 그러나 사실은 꼭 그렇지만도 않다.

만약 '비둘기가 세 마리 있었는데 한 마리가 다른 데로 날아갔습니다. 잠시 후 두 마리가 더 날아왔다면 비둘기는 모두 몇 마리인가요?'라는 문제가 있다면, 이때는 답이 '세 마리-한 마리+두 마리=네 마리'이다.

'더'나 '모두'라는 부사어가 있지만 모두 다 덧셈은 아닌 것이다.

조금 더 눈치가 빠른 아이들은 부사어에 주목하지 않고 '행위'를 나타내거나 상황을 설명하는 말에 주목한다. 예를 들면, '날아왔다'(비둘기 등 새들이), '선물 받았다'(친구가 주었다), '탔다'(차 등 탈것에), '받았다'(물건을) 등이 있으면 덧셈을 하고, 반대로 '날아갔다'(비둘기 등 새들이), '잃어버렸다'(물건을), '달아났다'(닭이나 짐승 등이), '내렸다'(차 등 탈것에서) 등이 있으면 뺄셈을 한다.

이런 식으로 표현을 익혀두면 틀릴 가능성이 작아진다. 하지만 이보다 더욱 좋은 방법은 문제를 꼼꼼히 읽어서 문맥에 맞는 해석력을 키우는 것이다. 문장을 해석하기 위해서는 의미 단위로 끊어 읽고, 이런 표현에 동그라미를 치거나 밑줄을 긋는 등의 방법으로 질문의 의도를 정확히 짚어내는 훈련을 해야 한다.

놀이터에 7명의 아이가 미끄럼을 타고 있었는데 / 그중에서 3명의 아이가 그네를 타러 갔습니다. / 미끄럼틀에는 몇 명의 아이가 남아 있을까요?

체험을 통해 익힌다

과학도 관찰이나 실험을 통해서 배우면 재미있듯이 수학도 마찬가지다. 체험을 통해 배우면 쉽게 받아들이고 잊어버리지도 않는다. 어림하기, 비교하기, 길이 재기, 시간 재기 등은 직접 체험을 해보게 하는 게 좋다.

줄자를 가지고 벽의 길이를 같이 재어보거나(길이 재기), 같이 시계를 보거나(시간 재기), 같이 음식을 만들면서 음식 재료의 크기와 무게를 서로 비교해보거나(부피나 무게 비교하기), 저울에 식품을 달아보기 전에 어느 정도 무게가 나갈 것인지 가늠한 다음(어림하기) 직접 무게를 달아볼 수 있다(무게 재기). 어느 벽이 더 긴지 비교해보거나, 우유나 주스를 길쭉한 컵에 넣었을 때와 가로세로 비율과 비슷한 컵에 담았을 때의 차이를 직접 보게 하는 것도 좋다(비교하기). 넓이의 경우에는 제곱일 때가 가장 크다. 네 변의 길이의 합이 같은 직사각형과 정사각형이 있을 때는 정사각형이 더 넓다. 네 변의 길이의 합이 $20cm$인 사각형을 예로 들면 $1 \times 9, 2 \times 8, 3 \times 7, 4 \times 6, 5 \times 5$일 때를 비교하면 각각 넓이는 9, 16, 21, 24, $25cm^2$가 된다. 부피 역시 마찬가지다. 직육면체보다는 정육면체일 때 부피가 가장 크다. 이것을 그릇을 활용해 아이에게 증명해 보일 필요가 있다.

비교의 개념도 아이들은 쉽게 이해하지 못한다. 아이들에게 길다 짧다, 낮다 높다, 적다 많다, 작다 크다, 넓다 좁다, 무겁다 가볍다 등과 같은 비교를 나타내는 말을 가르치기는 쉽지 않다. 보통 네 살쯤 되면 이런 말들을 알고는 있지만, 정확하게 사용하는 데는 시간이 좀 더 걸린다.

이런 말을 가르치는 방법에는 세 가지가 있다. 첫째, 생활 속에서 가르친다. 둘째, 주변에 있는 물건들을 사용하여 가르친다. 셋째, 여유

있는 시간에 가르친다. 서두르지 않고 천천히 설명하고 천천히 알아들을 수 있게 한다. 한 가지 더 덧붙이자면, 호기심을 자극할 만한 순간에 호기심을 자극할 만한 말로 시작한다.

예를 들면, 과자를 다 먹고 빈 봉지를 버려야 할 때, 엄마가 갖다 버리면서 아이에게 물어볼 수 있다.

"여기서 쓰레기통까지 가는 데 엄마는 13걸음인데 너는 몇 걸음이 될까? 우리 한번 알아맞혀 보자. 몇 걸음쯤 될 거 같니?"

"20걸음이요."

"자, 그럼 해보자. 일어서서 이쪽으로 걸어와 봐! 딱 18걸음이구나. 그럼 누구 걸음이 더 짧은 거니?"

"엄마?"

"엄마는 아니야. 엄마는 성큼성큼 걸으니까 13걸음이지만, 너는 조금조금 걸으니까 18걸음이잖니."

아이에게는 이러한 비교가 복잡하다. 걸음 수만 헤아리면 당연히 엄마가 적지만, 걸음의 폭은 아이가 짧다. 이런 놀이를 통해서 같은 거리를 걸음의 폭이 크면 조금 걸어도 되고, 걸음의 폭이 작으면 종종걸음으로 많이 걸어야 한다는 것도 익히게 된다.

3

2학년
수학의 포인트

1학년 때 100까지의 수를 배웠다면, 2학년 때는 1000까지의 수를 배우게 된다. 덧셈과 뺄셈이 점점 복잡해져서 받아올림과 받아내림이 들어가기 때문에 이제는 손가락셈을 하기가 어렵게 된다.

 2학년 1학기까지 마치면 더하기, 빼기, 곱하기 등 나눗셈을 뺀 사칙연산의 개념을 알게 된다. 2학기부터는 받아올림과 받아내림 등 계산이 복잡해지면서 아이들이 어려움을 겪게 된다. 또한, 길이와 시간의 단위, 길이와 시간을 재는 법 등을 익히며, 수식 만들기도 배운다. 간단하지만 본격적으로 곱셈이 나오는 것은 물론, 표와 그래프 등을 통해 확률과 통계의 기초도 배운다. 쌓기나무 놀이를 통해서 보이지 않는 공간에 대해 추론해내는 훈련도 하게 된다.

2학년 수학 교과서 차례

2학년 1학기

- **1단원: 세 자리 수**

  90보다 10 큰 수 알아보기, 몇 백 알아보기, 각 자리의 숫자가 나타내는 수, 뛰어 세기, 수의 크기 비교

- **2단원: 여러 가지 도형**

  원, 삼각형, 사각형 알아보기, 칠교판으로 모양 만들기, 오각형·육각형 알아보기, 똑같은 모양으로 쌓아보기, 여러 가지 모양으로 쌓아보기

- **3단원: 덧셈과 뺄셈**

  덧셈해보기, 여러 가지 방법으로 덧셈해보기, 뺄셈해보기, 여러 가지 방법으로 뺄셈해보기, 어떤 수 □의 값 구하기, 세 수의 계산

- **4단원: 길이 재기**

  여러 가지 방법으로 길이 비교, 몸을 이용해 길이 재기, $1cm$ 알아보기, 자를 이용하여 길이 재기, 어림하기

- **5단원: 분류하기**

  기준에 따라 분류하기, 분류하여 세어보기, 분류 결과 이야기하기

- **6단원: 곱셈**

  여러 가지 방법으로 세기, 묶어 세기, 2의 몇 배 알아보기, 곱셈식 알아보기, 곱셈식으로 나타내기

2학년 2학기

- **1단원: 네 자리 수**

    100이 10개인 수, 몇 천 알아보기, 네 자리 수, 각 자리의 숫자가 나타내는 값, 뛰어 세기, 두 수의 크기 비교

- **2단원: 곱셈구구**

    2~9단 곱셈구구, 1단 곱셈구구와 0의 곱, 곱셈표 만들기, 곱셈구구를 이용한 문제 해결하기

- **3단원: 길이 재기**

    1m 이해하기, m와 cm의 관계 알기, 길이의 합과 차 구하기, 길이 어림하기

- **4단원: 시각과 시간**

    몇 시 몇 분 알아보기, 여러 가지 방법으로 시각 읽기, 1시간 알아보기, 하루의 시간 알아보기, 달력 알아보기

- **5단원: 표와 그래프**

    자료 분류하여 표로 나타내기, 자료를 보고 표로 나타내기, 그래프로 나타내기, 표와 그래프의 내용 알아보기, 표와 그래프로 나타내기

- **6단원: 규칙찾기**

    덧셈표에서 규칙 찾아보기, 곱셈표에서 규칙 찾아보기, 무늬에서 규칙 찾아보기, 쌓은 모양에서 규칙 알아보기, 생활에서 규칙 알아보기

식 만들기

—

1학기 덧셈과 뺄셈식 단원에서 스토리텔링형 문제는 대부분 아이가 어려워하는 유형이다. 특히 이해력이 부족한 아이들은 식을 세우고 다시 답을 구하는 과정을 복잡하게 여긴다. 책을 읽기 싫어하는 아이들이라면 더욱 꽁무니를 빼는 유형이기도 하다.

문제1) 승준이는 연필이 13자루 있습니다. 그중에서 동생에게 몇 자루를 주었더니 7자루가 남았습니다. 동생에게 준 연필은 몇 자루일까요?
문제2) 13에서 어떤 수를 뺐더니 7이 되었습니다. 어떤 수를 □를 이용하여 식으로 나타내어 보시오.
문제3) 식을 보고 알맞은 문제를 만들어보고 □에 알맞은 답을 구하시오.

$$13 - \square = 7$$

위의 세 문제 모두 13−□=7을 이용하여 답을 구하는 문제이지만, 아이들은 1번 문제보다는 2번 문제를 더 쉽게 생각한다. 3번은 제일 어렵고, 잘하는 아이들도 귀찮아하는 문제이다. 글씨를 많이 써야 하고 시간이 오래 걸리기 때문이다. 문제를 풀 때 우선 아이가 구하고자 하는 수를 □로 놓고 식을 세우는 훈련을 시킨다. 계속해서 나오게 될 스토리텔링형 문제는 구하고자 하는 답을 □로 놓고 식을 세우는 과정이 문제 풀이의 관건이 되기 때문이다.

식을 세우는 것은 연습장이나 노트에 하고, 3번 유형의 문제는 식을 바꾸어가면서 말로 답하게 한다. 글씨를 쓰는 지루함도 덜고 같은 시간에 더 많은 문제를 풀 수 있기 때문이다.

시각과 시간 알아보기

시각 알아보기, 시계 읽기, 시각을 그려 넣기, 시간 계산하기 등 시간과 관련된 거의 모든 것을 아이들은 어려워한다. 하루는 24시간이고, 시계는 12시간만 나타낼 수 있으며, 같은 숫자라도 '시'를 읽을 때와 '분'이나 '초'를 읽을 때는 다르게 읽어야 한다. 시간을 읽을 때는 짧은 바늘의 위치에 따라 짧은 바늘이 3에 있으면 세 시, 5에 있으면 다섯 시라고 읽지만, 긴 바늘은 1에 있으면 5분, 2에 있으면 10분, 3에 있으면 15분, 7에 있으면 35분이다. 구구단의 5단을 알면 쉽지만, 5단의 규칙을 쉽게 알아차리지 못하는 아이들도 꽤 많다.

1시간은 60분이며, 1분은 또 60초이다. 또 1주일은 7일이고 요일이 각각 다르며, 1년은 12개월인데 매달 날수가 다르다. 그걸 외우는 것도 만만찮다. 이 모든 것을 섞이지 않게 기억해야 하고, 또 정각을 그릴 때는 문제가 없지만, 3시 20분을 그릴 때와 3시 40분을 그릴 때는 짧은 바늘의 위치를 달리해야 한다. 30분을 기준으로 3시와 4시의 중간 지점에 점을 찍고, 30분이 안 되었을 때는 3시 쪽에, 30분이 넘었을 때는 4시 쪽에 가깝게 그리도록 한다. 또 20분인 경우, 3시 정각과 3시 30분 중 어느 쪽에 더 가까운지 따져 3시 쪽에 치우치게 그릴 것인지, 3시와 4시 중간에 치우치게 그릴 것인지 결정한다.

뭐니 뭐니 해도 가장 어려운 것은 시간 계산이다.

문제) 1시간은 60분이고, 60분은 1시간이다.

① 70분은 (   )시간 10분인가?

② 1시간 30분은 (   )분인가?

③ 2시간은 60분 + (   )분 = (   )분이다.

④ 140분은 (   )시간 (   )분이다.

⑤ 3시간 20분은 (   )분이다.

⑥ 2시간 15분은 (   )분이다.

⑦ 다음 시각을 보고 2시간 15분 후의 시각을 오른쪽 시계에 그리시오.

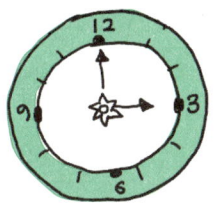 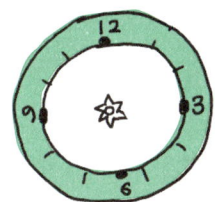

⑧ 1주일은 (   )일이다.

⑨ 2주일은 (   )일이다.

⑩ 2주일 3일은 (   )일이다.

이때 1시간 30분을 어떻게 하라는 건지 이해를 못 하는 아이들이 있다(②번). 마찬가지로 2주일 3일은 2주일에다 3일을 더한 것임을 모르거나(⑩번), 1시간 30분은 1시간하고 30분이 더 지난 시간이라는 의미를 모를 수 있다.

또 1시간을 100분으로 착각해 2시간 15분을 215분으로 고치는 아이들도 있다(⑥번). 이 경우 선다형 문제에서 틀린 것을 고르라고 하면 함정에 빠지기 쉽다. 이런 아이들에게는 시간과 요일 그리고 날짜에도 덧셈의 개념을 적용한다는 사실을 설명해주도록 한다.

문제) 연수가 놀이공원에 있었던 시간을 구해보세요.

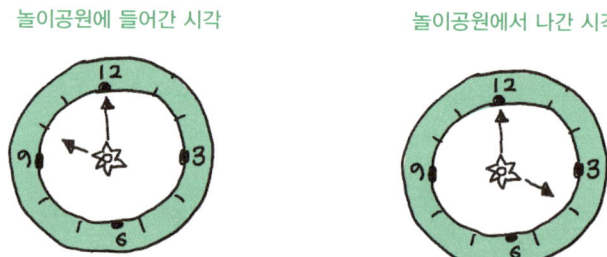

연수가 놀이공원에 있었던 시간을 띠에 나타내보세요.

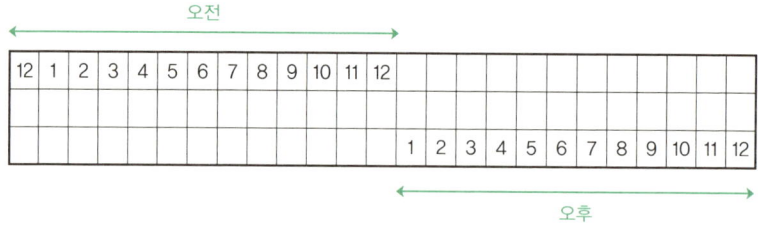

연수가 놀이공원에 있었던 시간은 ☐시간이다.

0시에서 정오까지를 오전이라고 하고, 정오에서 자정까지를 오후라고 한다. 오후 1시는 12를 더해 13시로, 2시는 14시로, 3시는 15시로, 자정은 24시로 표현하는 방법을 가르쳐주는 것도 좋다. 계산할 때 오후 2시를 16시로 바꾸어 16시-10시=6시간으로 계산하게 한다.

유치원 때부터 생활 속에서 훈련이 된 아이들은 시간, 날짜나 요일 알아보기에 비교적 쉽게 적응하겠지만, 그렇지 않은 아이들은 어려워할 수 있으므로 이제부터라도 엄마가 의식적으로 시간과 날짜, 요일에 대해 훈련하도록 한다.

아빠의 생일이 며칠 또는 몇 주 남았는지, 집에 있는 시계가 하나는 빠르게 가고 하나는 느리게 갈 때 일주일 후에는 얼마만큼 시간 차이가 나는지 알아보게 한다. 또, 방학은 언제부터 언제까지이며 모두 며칠 동안인지, 학교에 갈 때부터 집에 돌아올 때까지 걸린 시간은 몇 시간 몇 분인지 등 일상생활에서 주요 관심사를 시간으로 표현하고 계산해보게 한다.

규칙찾기, 쌓기나무

2학년 2학기 마지막 단원 '규칙찾기'는 다양한 방법으로 문제 푸는 것을 배우는 장으로, 사고력을 필요로 하는 문제들이 나온다. 사고력이나 응용력이 약한 아이들은 이 부분을 가장 힘들어하는데, 교과서에 나오는 문제 중에서 가장 통합적인 사고력을 필요로 하는 부분이기 때문이다. 수, 연산에 대한 규칙과 여러 가지 모양이나 쌓기나무의 규칙찾기 등을 아이들이 어려워한다.

문제) 규칙을 찾아 □안에 알맞은 모양을 그리고 색칠해보세요.

이 문제는 모양의 규칙과 도형 개수의 규칙, 색깔의 규칙이 달라서 두 가지 규칙을 각각 적용해야 한다. 직관적으로 문제를 풀거나 덜렁거리는 아이들은 3가지의 규칙 중 하나를 무시하고 △▲로 색칠해놓기도 한다. 정답은 물론, ○▲이다.

문제) 규칙에 따라 쌓기나무를 쌓았습니다. 물음에 답하세요.

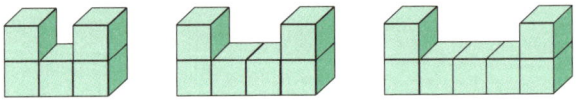

쌓기나무가 늘어나는 규칙을 찾아 써보세요.
답) 양쪽 두 기둥 사이의 1층 쌓기나무가 한 개씩 늘어나는 규칙.
다음에 이어질 모양에 쌓을 쌓기나무는 모두 몇 개일까요? 답) 8개

쌓기나무는 6학년 과정에서 다시 나오는데, 아이들이 어려워하는 것은 위에서 본 모양, 앞에서 본 모양, 옆에서 본 모양을 모눈종이에 그려 넣는 것이다. 이것은 엄마들도 어려워하는 부분이다. 특히 공간 지각 능력이 떨어지는 경우에는 더욱 그렇다. 따라서 아이들과 함께 쌓기나무를 가지고 놀면서 위·앞·옆면에서 바라본 모습을 많이 그려보는 것이 좋다. 물론 규칙은 있다. 위에서 본 모양은 1층의 쌓기나무 모양대로 앞쪽 위에서 내려본 모양을 그리는 것이다.

앞에서 본 모습은 쌓기나무가 앞쪽에 있는지 뒤쪽에 있는지는 중요하지 않고, 각 줄마다 높이가 몇 칸인지를 그리는 것이다. 옆에서 본 모습도 옆쪽에서 봤을 때 가로로 몇 줄이고, 각 줄마다 높이가 몇 칸인지를 그리는 것이다.

문제) 다음 도형의 위에서 본 모양을 그리고 무슨 색인지 쓰시오.

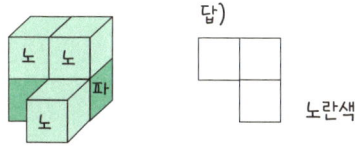

문제) 다음 도형의 위에서 본 모양, 앞에서 본 모양, 옆에서 본 모양을 그리시오.

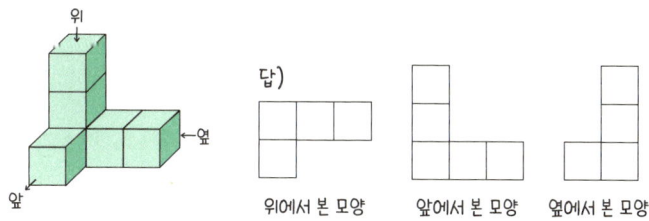

쌓기나무로 여러 가지 모양을 만들고, 엄마와 아이가 방향을 달리해 엄마 쪽에서 본 쌓기나무 개수와 아이 쪽에서 본 개수가 서로 차이가 나는지, 난다면 몇 개까지 나는지, 차이가 나는 이유는 무엇인지 서로 이야기해보는 것도 6학년 때 나올 쌓기나무 과정을 준비하는 데 도움이 된다. 또 쌓기나무를 규칙적으로 나열한 다음에 숫자로 표현해보고, 문제를 만들어보는 것도 도움이 된다.

문제) 다음 그림에서 3개씩 놓여 있는 쌓기나무가 다섯 번 나오려면 쌓기나무는 모두 몇 개가 필요할까요?

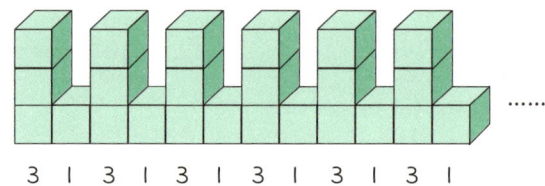

쌓기나무 3개와 1개가 반복해서 나오므로 3개씩 놓여 있는 쌓기나무는 다섯 번, 1개씩 놓여 있는 쌓기나무는 네 번 나온다. 그러므로 $(3+1) \times 4 + 3 = 19$ 또는 $(3 \times 5) + (1 \times 4) = 19$, 즉 19개이다.

그림을 숫자로, 숫자를 그림으로 바꿔 놀이 속에서 문제를 만들고 누가 빨리 맞히는지 시합해보자.

4

2학년 엄마라면 이것만은 꼭

자릿값 알기

1학년 과정에서 10진법과 묶음, 낱개의 개념을 통해 두 자리 수의 덧셈, 뺄셈을 배웠다. 2학년 과정에서는 세 자리 수의 덧셈, 뺄셈을 하게 된다. 10개씩 묶음이 10개가 있을 때 100으로 표현하고, 100을 한 묶음으로 하는 새로운 단위가 생긴 셈이다.

따라서 10개씩 묶음끼리의 계산과 또 다른 100개씩의 묶음이 몇 개인지 계산해야 한다. 그러면 낱개 3개와 10개씩 묶음 3개, 100개씩 묶음 3개를 어떻게 표현할까?

10진법에서는 두 수의 합이 10이 넘으면 한 자리를 올려서 두 자리 수로 표현하기로 약속했다. 마찬가지로 10개씩 묶음이 10을 넘으면 한 자리 수를 올려 세 자리 수로 만들어준다.

따라서 낱개 3개, 10개씩 3개, 100개씩 3개가 있다면 333으로 표현한다. 같은 숫자 3을 썼지만 나타내는 바는 다르다. 333은 300+30+3이다.

이 수에 100이 5개, 10이 2개, 1이 6개인 수를 합하면, 300과 500을 합하여 800, 30과 20을 합하여 50, 3과 6을 합하여 9가 되고, 이 수는 100이 8개, 10이 5개, 1이 9개, 즉 859로 표현된다.

이처럼 어떤 자리에 있는지에 따라 그 값이 전혀 달라지는데, 그러면 자리를 나타내는 자릿값은 언제부터 있었을까? 자릿값은 아라비아 숫자로 계산할 때부터 있었다. 다른 나라 사람들은 자릿값을 나타내기 위해 수막대를 이용하거나 다른 칸에 적는 등 여러 가지 방법을 썼다. 그러나 수를 계산하고 표현하는 데 아라비아 숫자의 자릿값만큼 간편한 방법이 없어 오늘날까지 쓰이고 있다.

곱셈의 원리 알기

꽃 세 송이를 꽂은 꽃병이 8개 있다면 꽃은 모두 몇 송이일까?

꽃은 모두 24송이다. 즉 3+3+3+3+3+3+3+3으로 세 송이를 여덟 번 더한 것과 같다. 이것을 곱셈식으로 나타내면 3×8로 간단하게 나타낼 수 있다. 자주 하는 덧셈을 더 쉽고 빨리할 수는 없을까? 궁리한 끝에 만들어진 것이 구구단이다. 구구단을 노래 부르듯이 가락을 붙여가며 외우면 아이들에게는 재미있는 놀이가 되고, 또 대부분 쉽게 외울 수 있다. 구구단은 단순히 외우기만 해서는 안 된다. 반복적으로 외워서 "3 곱하기 8은?" 했을 때, "24" 하고 무의식중에 바로 튀어나올 때까지 계속 외우게 한다.

1학년 때 구구단을 다 외웠다면 19단까지 외우면 고학년이 되었을 때 많은 도움이 된다. 고학년으로 올라가면 계산력의 차이 때문에 수학 실력에서 엄청나게 차이가 날 수 있다. 그야말로 시간당 풀 수 있는 문제의 양이 몇 배씩 차이가 나는 것이다.

19단까지 외우기

19단까지 외우면 어떤 이점이 있을까?

1. 약수와 배수의 개념을 훨씬 쉽게 알 수 있다

곱셈표에서 대각선을 중심으로 접으면 같은 수가 나온다. 곱셈표를 가지고 여러 가지 놀이도 할 수 있다. 예를 들면, 곱해서 18이 되는 두 수를 찾으면 1×18, 2×9, 3×6, 6×3, 9×2, 18×1인데, 이것은 곧 약수와 배수의 개념이기도 하다. 즉 18은 1, 2, 3, 6, 9, 18의 배수가 되고, 반대로 1, 2, 3, 6, 9, 18은 18의 약수가 된다.

다시 말하면 18은 1의 열여덟 배, 2의 아홉 배, 3의 여섯 배, 6의 세 배, 9의 두 배, 18의 한 배인 수로 1, 2, 3, 6, 9, 18의 배수이다. 또 18은 1로 나누면 나머지 없이 나누어떨어진다. 마찬가지로 2, 3, 6, 9, 18로 나누어도 나머지 없이 나누어떨어진다. 이렇게 18을 어떤 수로 나누었을 때 나머지 없이 나누어떨어지면 그 수를 18의 약수라고 한다.

초등학교 2학년에게 이런 개념까지 알려줄 필요가 있을까? 필요가 있다! 약수, 배수의 개념을 이야기해주지 않더라도 곱해서 18이 되는 수를 표에서 찾는 놀이를 해보면 아주 좋다. 이런 놀이를 한 아이들은 5학년 때 약수, 배수의 개념을 수월하게 받아들일 수 있다. 예를 들면, 7은 1과 7 두 수의 곱으로 되어 있고, 9는 1×9와 3×3으로 되어 있다. 12는 1×12, 2×6, 3×4, 4×3, 6×2, 12×1로, 7이나 9보다 곱해서 얻을 수 있는 가짓수가 더 많다.

2. 통분과 약분을 훨씬 수월하게 할 수 있다

나눗셈은 곱셈의 반대 개념으로, 곱셈이 완전히 이해되면 나눗셈도 수월하게 할 수 있다. $\frac{17}{85}$, $\frac{38}{95}$ 등의 분수를 약분할 때 대부분 아이는 약분이 되지 않는다고 말한다. 고학년일수록 이러한 수를 약분할 수 있는 아이와 그렇지 못한 아이는 계산하는 데 시간 차와 실력 차를 보일 수밖에 없다.

예를 들면, '지수 반 학급문고에는 133권의 책이 있습니다. 그중 76

권이 위인전이고, 위인전 중에서 $\frac{7}{19}$이 우리나라 위인들의 책입니다. 지수 반에 있는 책 중에서 우리나라 위인전은 전체의 몇 분의 몇입니까?'라는 문제가 있다.

$$\frac{76}{133} \times \frac{7}{19} = \frac{532}{2527}$$

"더는 약분이 안 돼요. 분자는 짝수, 분모는 홀수니 2로도 약분이 안 되고, 분자와 분모 둘 다 자리 수의 합이 3의 배수가 아니니 3의 배수도 6의 배수도 아니고, 끝 두 자리가 4의 배수가 아니니 4의 배수도 5의 배수도 9의 배수도 안 돼요"라고 말했다면, 이 아이는 76×7을 계산하고, 133×19를 계산하고, 다시 3의 배수와 4, 5, 9의 배수를 구하는 과정을 죽 계산한 아이다. 적지 않은 시간이 걸렸을 것이다.

반면 19단을 외운 아이는 76과 133은 19의 배수이고 따라서 19로 약분이 됨을 알 수 있다. 즉 $\frac{76}{133} \times \frac{7}{19} = \frac{4}{7} \times \frac{7}{19} = \frac{4}{19}$, 따라서 답은 전체의 $\frac{4}{19}$임을 바로 계산해낼 수 있다.

또 다른 계산 방법은 다음과 같다. 76권의 $\frac{7}{19}$, 즉 $76 \times \frac{7}{19}$은 19와 76이 19의 배수이므로, 4×7=28권이다. 따라서 전체 133권 중 28권은 $\frac{28}{133}$로, 분자와 분모를 각각 7로 약분해 $\frac{4}{19}$로 구할 수 있다. 이처럼 19단을 외우고 있다면 시간과 노력을 훨씬 단축할 수 있고, 중간 계산과정에서 일어나는 실수도 줄일 수 있다.

3. 제곱수를 훨씬 빨리 알 수 있다

19단 표를 보고 제곱수의 표를 따로 만들어보는 것도 유용하다.

```
1×1=1           11×11=121
2×2=4           12×12=144
3×3=9           13×13=169
4×4=16          14×14=196
5×5=25          15×15=225
6×6=36          16×16=256
7×7=49          17×17=289
8×8=64          18×18=324
9×9=81          19×19=361
10×10=100       20×20=400
```

여기에서 재미있는 것은 어떤 수의 제곱수와 다음 수의 제곱수의 차이는 '어떤 수+다음 수'만큼의 차이가 난다는 것이다. 즉 16×16은 15의 제곱수인 225+(15+16)과 같다. 이 제곱수는 두고두고 많이 쓰이는 것 중의 하나다.

정사각형의 넓이는 '한 변의 길이×한 변의 길이'로 제곱수와 관련이 있고, 원의 넓이도 '반지름×반지름×3.14'로 제곱수는 많은 곳에서 쓰인다.

문제) 소정이가 수학 문제집을 펼쳤더니, 책을 펼친 두 면의 수의 곱이 812였습니다. 소정이가 펼친 두 면의 수는 각각 몇 쪽입니까?

펼쳐진 두 면의 쪽수 차이는 1이다. 즉 한 면이 10쪽이면, 다른 한 면은 11쪽이 된다. 이 문제에서 처음부터 임의의 두 수의 곱을 구하기보다는 10×10=100, 20×20=400, 30×30=900을 먼저 구한다. 812는 900이 조금 못 되고 끝 자리 수가 2로 끝나므로, 1의 자리 두 수의 곱이 2가 되는 수를 찾는다.

8×9=72, 7×8=56이므로, 1의 자리 수가 2인 수는 8×9이다. 따라서 28×29=812로, 답은 28쪽과 29쪽이다.

표와 그래프 이해하기

수학의 여섯 가지 영역 중 하나인 확률과 통계는 자료를 모으고, 모은 자료를 정리하고 분석하는 과정을 배우는 단원이다. 더불어 이러한 정보를 이용하여 어떤 일의 결과를 예측하고, 의사 결정을 할 수 있게 한다.

확률과 통계 분야는 그 영역이 날로 더 넓어지며 점점 더 중요한 분야가 되고 있다.

한 달 동안의 날씨를 조사한 다음, 조사 자료를 토대로 분류를 한다. 맑은 날이 15일, 흐린 날이 9일, 비가 온 날이 6일 동안이었다고 하면, 숫자로 나타내는 표를 다음과 같이 만들 수 있다.

날씨	맑은 날	흐린 날	비 온 날	계
날수	15	9	6	30

표를 이용하여 그래프로 나타낼 수도 있다.

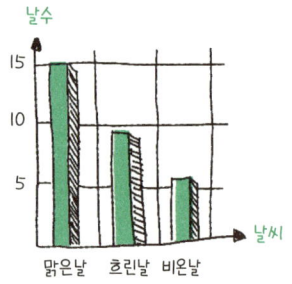 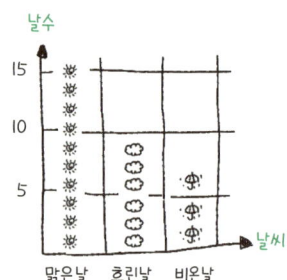

표와 그래프는 2학년 과정부터 6학년 과정까지 빠짐없이 나온다. 표, 그림그래프, 막대그래프, 꺾은선그래프, 띠그래프, 원그래프 등 그래프의 종류도 달라지지만, 자료를 수집하고 정리하고 해석하는 일을 점차 배우게 된다.

띠그래프와 원그래프로 나타내기 위해서는 비와 비율도 알아야 한다. 예를 들면, $10cm$의 띠그래프에 맑은 날, 흐린 날, 비 온 날을 그려 넣으려면 전체에서 맑은 날이 차지하는 비율을 알아야 한다. 맑은 날은 전체 30일 중 15일이므로 $\frac{15}{30}$, 즉 $\frac{1}{2}$을 차지한다. 흐린 날은 전체 30일 중 9일이므로 $\frac{9}{30}$, 즉 $\frac{3}{10}$을 차지한다. 비 온 날 역시 마찬가지로 $\frac{6}{30}$, 즉 $\frac{1}{5}$을 차지한다.

띠그래프에 그릴 때는 맑은 날은 $10cm$의 $\frac{1}{2}$이므로 $5cm$, 흐린 날은 $\frac{3}{10}$이므로 $3cm$, 비 온 날은 $\frac{1}{5}$이므로 $2cm$를 차지하도록 그린다.

마찬가지로 원그래프를 그릴 때는 원의 중심각의 크기가 360도이므로 360의 $\frac{1}{2}$은 180도, $\frac{3}{10}$은 108도, $\frac{1}{5}$은 72도가 되게 그리면 된다.

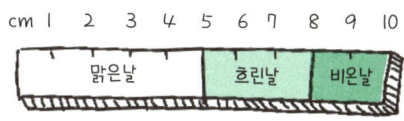 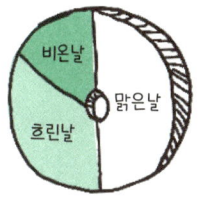

이러한 표와 그래프를 아이들은 별로 좋아하지 않는다. 아이들이 표나 그래프 그리기를 귀찮은 일로 생각한다면, 이러한 자료들을 어떻게 활용하는지 설명을 덧붙여주는 게 좋다. 날씨는 우리의 실생활과 많은 관련이 있다.

매년 그달의 평균 기온을 알면 농부들은 어떤 농작물을 심어야 수확이 좋을지 예측할 수 있고, 마트에서는 비옷이나 우산, 아이스크림 판매량을 예측할 수 있다. 만약에 네가 마트를 한다면 이런 것을 활용하여 훨씬 장사를 잘할 수 있다고 설명해주어 아이에게 호기심을 불어넣어 주도록 한다.

문제 풀이 습관 들이기

수학 공부에서는 문제 풀이 습관이 중요하다. 한번 좋은 학습 습관을 들여놓으면, 그것이 초등학교 고학년과 중학교를 거쳐 고등학교까지 이어진다. 습관을 들일 때는 '계산의 정확도와 신속함'을 염두에 두어야 한다. '정확'한 것이 우선이고, '신속'한 것은 그다음이다.

1. 글씨를 깨끗하게 쓰는 버릇을 들인다

글씨를 엉망으로 쓰면 자신이 쓴 글자를 못 알아봐서 틀리는 경우도 있다. 또 답안지에 옮겨 적으면서 틀리는 경우도 많다. 식을 쓰고 답을 써놓고는 답 쓰는 난에 옮겨 적으면서 틀리는 식이다. 글씨, 그중에서도 특히 숫자는 정확하게 쓰고, 받아올림이나 받아내림은 깔끔하게 쓰는 버릇을 들여야 한다.

2. 가로셈은 세로셈으로 바꿔서 푼다

셈에 어느 정도 익숙해지면 암산이 가능하지만, 그전까지는 될 수 있는 한, 복잡한 가로셈은 세로셈으로 계산하도록 한다. 세로셈이 아이들에게는 훨씬 쉽다. 셈에 아주 숙달된 경우가 아니라면, 실수를 줄이기 위해 암산보다는 숫자를 써서 계산하는 버릇을 들인다.

3. 종합장이나 연습장을 위에서부터 가지런하게 쓴다

이렇게 하면 나중에 고학년이 되어 계산이 복잡해질 경우 계산과정에서 어디가 틀렸는지 쉽게 알 수 있다. 엄벙덤벙한 아이들, 산만한 아이들을 바로잡는 효과도 있다. 또 연습장에 문제의 번호를 쓰고 풀게 하면, 엄마가 확인할 때도 아이가 어디에서 틀렸는지 쉽게 파악할 수 있어 시간이 절약된다.

4. 검산을 유도하고, 검산은 처음 풀 때와는 다른 방법으로 한다

계산 문제의 경우에는 검산하는 법도 함께 가르쳐주는 것이 좋다.

검산에서는 다른 방법으로 문제를 풀도록 유도한다. 3+9=12라는 답을 얻었다면, 12-9=3이 나오는지 보거나, 3+10-1=13-1=12로 계산을 하는 등 다양한 방법의 검산이 가능하다. 검산을 통해서 다양한 방법으로 문제 푸는 법을 익히는 셈이다.

3학년 수학의 포인트

3학년이 되면 분수와 소수, 나눗셈이 처음 나온다. 또한, 자리 수가 커져 계산은 점점 복잡해지고 정교해진다. 새로 나오는 단원은 미리 예습을 시키면 도움이 된다. 3학년 2학기에는 더욱 계산의 범위가 넓어진다.

이때부터 슬슬 정확하고 신속한 문제 풀이 능력이 요구되는 것이다. 덕분에 연습장을 사용할 일도 많아진다. 2학년 때와는 비교할 수 없을 정도로 계산이 복잡해지기 때문이다. 따라서 계산력이 약한 학생들은 3학년 때 집중적으로 보강해야 한다.

3학년 때는 덧셈, 뺄셈, 곱셈, 나눗셈 모두 두세 번 받아올림과 받아내림을 해야 하므로 계산과정에서 사소한 실수라도 하면 답이 틀리게 된다.

3학년 수학 교과서 차례

—

3학년 1학기

- 1단원: 덧셈과 뺄셈

  여러 가지 방법으로 덧셈하기, (세 자리 수)+(세 자리 수),
  여러 가지 방법으로 뺄셈하기, (세 자리 수)-(세 자리 수)

- 2단원: 평면 도형

  선분, 반직선, 직선 알아보기, 각 알아보기, 직각삼각형
  · 직사각형 · 정사각형 알아보기

- 3단원: 나눗셈

  똑같이 나누기, 곱셈과 나눗셈의 관계 알아보기, 나눗셈의
  몫을 곱셈식에서 구하기, 나눗셈식에서 □안의 수 구하기

- 4단원: 곱셈

  (몇 십)×(몇), 올림이 없는 (두 자리 수)×(한 자리 수),
  일의 자리에서 올림이 있는 (두 자리 수)×(한 자리 수),
  십의 자리에서 올림이 있는 (두 자리 수)×(한 자리 수)

- 5단원: 길이와 시간

  1cm보다 작은 단위 알아보기, 1m보다 큰 단위 알아보기,
  길이의 합과 차 알아보기, 1분보다 작은 단위 알아보기, 시간의
  합과 차 알아보기

- 6단원: 분수와 소수

  똑같이 나누기, 전체와 부분의 크기 알아보기, 분모가 같은

분수의 크기 비교, 단위분수의 크기 비교, 소수 알아보기, 소수의 크기 비교

3학년 2학기

- 1단원: 곱셈

(세 자리 수)×(한 자리 수), (몇 십)×(몇 십), (몇 십 몇)× (몇 십), (몇 십 몇)×(몇 십 몇), 곱셈의 활용

- 2단원: 나눗셈

(세 자리 수)÷(한 자리 수), (몇 십)÷(몇 십), (몇 십 몇)÷ (몇 십), 검산하기

- 3단원: 원

원의 중심과 반지름·지름, 컴퍼스로 원 그리기, 원의 성질, 원을 이용하여 여러 가지 모양 그리기

- 4단원: 분수

분수로 나타내기, 분수만큼을 알아보기, 여러 가지 분수(진분수, 가분수, 대분수) 알아보기, 분모가 같은 분수의 크기 비교

- 5단원: 들이와 무게

들이 비교하기, 들이의 단위, 들이를 어림하고 재기, 들이의 합과 차, 무게 비교하기, 무게의 단위, 무게를 어림하고 재기, 무게의 합과 차

- 6단원: 자료의 정리

표 알아보기, 표로 나타내기, 그림그래프로 알아보기

네모(□)가 있는 식 계산하기

수학을 잘하는 아이들에게도 □가 있는 식의 계산은 만만치 않다. 차근차근 따져보면 알 수 있지만, 따져보는 과정을 여러 번 해야 하므로 부담스럽게 생각한다.

$$\begin{array}{r} 3\square 58 \\ +\ \square 6\square 7 \\ \hline 6525 \end{array}$$

위의 □안의 수를 구하는 문제에서, 아이들은 8+7=15를 계산한 후 10의 자리 수가 1+5+□=2가 되는 수를 구하는 과정에서 머뭇거린다.

6과 어떤 수를 더해 2가 되는 수는 쉽게 떠오르지 않기 때문이다. 이때 엄마들은 1의 자리의 숫자의 합을 다시 한번 일깨워줄 필요가 있다. 6과 어떤 수를 더해 2가 되는 수를 찾는 것이 아니라 12가 되는 수를 찾는 것이다. 이때 받아올림 수 1을 반드시 더해줘야 함은 물론이다.

여기서 6을 구했다면 100의 자리에 다시 1을 올려준다. 그러면 이번에는 1+□+6=5가 되는 수를 구하게 된다. □와 6의 자리를 바꿔도 계산에는 영향을 주지 않기 때문에 자리를 바꿔 1+6+□=5, 즉 7+□=15가 되는 수 8을 구한다.

다음으로 받아올림 수 1과 3과 □를 합해 6이 되는 수 2를 구한다.

이것은 아이들에게는 상당히 복잡한 계산과정이다. 이런 과정을 통해 차분함도 함께 길러지게 된다.

다음은 □가 있는 곱셈식 문제이다.

$$\begin{array}{r} 8\square \\ \times\ 72 \\ \hline 178 \\ 6\square 3 \\ \hline 6408 \end{array}$$

우선 8□×2=178이 되는 □를 구하기 위해 먼저 2와 곱해서 8이 되는 수를 찾으면, 2×4=8, 2×9=18로 4와 9를 찾을 수 있다. 그런데 84×2=168로 조건을 만족시키지 않고, 89×2=178이므로 □안의 수는 9가 된다. 89×7=623을 계산하여 □안의 수 2를 구한다.

이 문제는 또 다음과 같이 풀 수도 있다.

$$\begin{array}{r} 178 \\ +6\square 3 \\ \hline 6408 \end{array}$$

이 식을 먼저 계산해서 □안의 수, 2를 구한 다음, 8□×2=178, 8□×7=623을 만족하는 수 9를 찾을 수도 있다.

나눗셈을 예로 들어보면 다음과 같다.

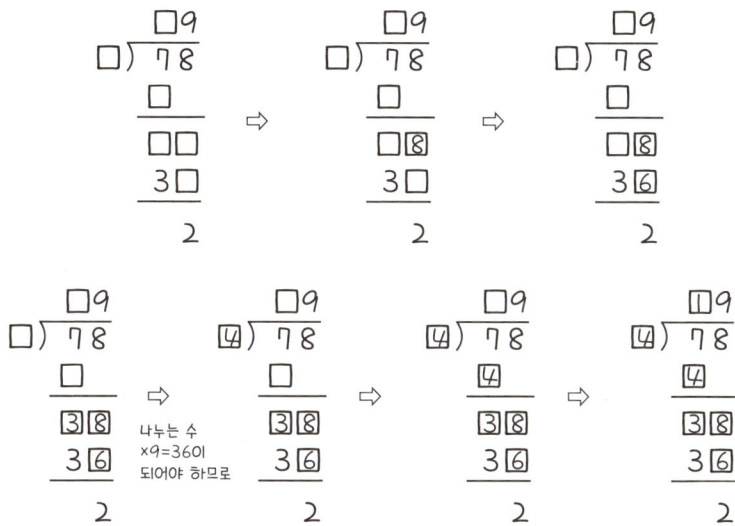

도형의 기초가 되는 평면도형

1학기 2단원의 평면도형 단원은 수학의 중요한 영역 중 하나인 기하 파트의 기본이 되는 단원이다. 용어와 개념들이 어려워 자주 접하면서 용어와 개념을 정확하게 기억하고 문제 풀이에 활용하도록 해야 한다. 개념을 암기할 때에는 원리를 이해하고 암기하도록 해준다.

문제) 다음 도형에서 찾을 수 있는 크고 작은 각은 모두 몇 개인지 구하세요.

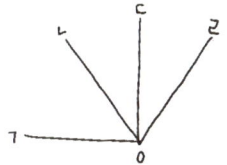

풀이) 각 1개로 이루어진 각: 각 ㄱㅇㄴ, 각 ㄴㅇㄷ, 각 ㄷㅇㄹ(3개)

각 2개로 이루어진 각: 각 ㄱㅇㄷ, 각 ㄴㅇㄹ(2개)

각 3개로 이루어진 각: 각 ㄱㅇㄹ(1개)

모두 합하면 3+2+1=6, 정답은 6개이다.

문제) 그림에서 찾을 수 있는 크고 작은 정사각형은 모두 몇 개인지 구하세요.

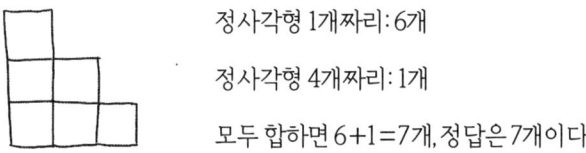

정사각형 1개짜리: 6개

정사각형 4개짜리: 1개

모두 합하면 6+1=7개, 정답은 7개이다.

이 문제를 다음과 같이 바꾸면 좀 더 어려운 문제가 된다.

문제) 그림에서 찾을 수 있는 크고 작은 사각형은 모두 몇 개인지 구하세요.

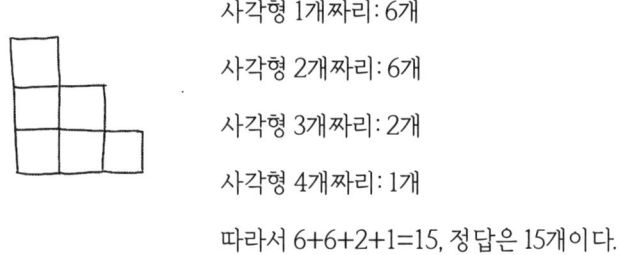

사각형 1개짜리: 6개

사각형 2개짜리: 6개

사각형 3개짜리: 2개

사각형 4개짜리: 1개

따라서 6+6+2+1=15, 정답은 15개이다.

4학년에 가면 삼각형은 이등변삼각형, 정삼각형의 성질 등으로, 사각형은 사다리꼴, 평행사변형, 마름모의 성질 등으로 세분화된다.

수직선을 이용한 식, 복잡해 보이는 계산

아이들은 수직선을 이용한 문제도 싫어한다. 수직선을 보고 문제를 파악하고 식을 세워 순차적으로 풀어야 하는데 특히 생각하기 싫어하는 아이들이 어려워한다.

예를 들면, 다음과 같은 문제들이다.

문제) 가에서 라까지의 길이가 1350cm이고, 가에서 다까지의 길이가 857cm이며, 나에서 라까지의 길이는 603cm입니다. 나에서 다까지의 길이는 얼마일까요?

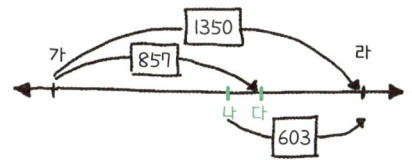

1) 가에서 라까지의 길이가 1350cm이므로 가~다의 길이와 나~라의 길이를 더하면 나~다 부분이 겹치게 된다. 따라서 겹쳐진 부분은 857+603-1350=110이 된다.
2) 다~라의 길이를 구한 다음, 나~라의 길이에서 다~라의 길이를

뺀다. 다~라의 길이는 1350-857=493, 따라서 나~다의 길이는 603-493=110이 된다.

3) 가~나의 길이를 구한 다음, 가~다의 길이에서 가~나의 길이를 빼 나~다의 길이를 구한다. 가~나의 길이는 1350-603=747, 따라서 나~다의 길이는 857-747=110이 된다.

이 문제는 리본을 겹치게 붙였을 때 길이를 구하는 문제로 아래와 같이 응용할 수도 있다.

문제) 수정이는 길이가 857cm인 리본과 603cm인 리본 2개를 가지고 있습니다. 이어 붙인 리본의 전체 길이가 1350cm라면 몇 cm를 겹치게 하였을까요?

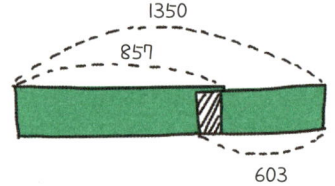

문제) 857cm짜리 리본 5개를 57cm씩 겹쳐서 이으려고 합니다. 리본을 다이으면 몇 cm가 될까요?

리본 문제는 많이 나오는 유형이기 때문에 색종이를 가지고 실제로 이어 붙이게 해보는 것도 좋다. 두 장을 겹쳐놓았을 때 겹쳐지는 부분만큼 길이가 줄어드는 것을 자로 재어가며 확인시켜주는 것이다. 두 장을 겹쳐놓으면 겹쳐지는 부분이 한번, 세 장을 겹쳐놓으면 겹쳐지는 부분이 두 번이고, 네 장을 겹쳐놓으면 세 번, 다섯 장을 겹쳐놓으면 네 번 겹쳐진다. 따라서 다음에 아무리 많은 장수를 겹쳐놓아도 겹쳐지는 부분은 이은 장수보다 하나 더 적다. 위의 리본 다섯 장을 겹쳐놓은 길이를 구하는 문제의 식은 다음과 같다.

$$(857 \times 5) - (57 \times 4) = 4285 - 228 = 4057 cm$$

그 외에 아이들은 단위가 다른 계산도 어려워한다. '1시간 30분+2시간 50분' 같은 시간 계산 문제의 경우다. 이런 계산 문제가 스토리텔링형 문제면 거들떠보지도 않는 아이들도 있다. 문제를 문장으로 풀어 써 시간을 서로 더해야 하는지, 빼야 하는지도 모르는 데다 단위가 달라 계산이 복잡해지기 때문이다. '들이 재기'와 '어림하기'도 시간과 날짜, 요일 계산만큼은 아니지만, 아이들이 어려워한다. 리터(l)와 밀리리터(ml) 같은 단위에 익숙하지 않기 때문이다.

'분수를 소수로 바꾸기'나 '분수와 소수의 크기 비교하기'도 아이들이 까다로워하는 부분이다. 3학년 때 처음 분수와 소수를 접하다 보니 한눈에 크기가 비교되지 않는 것이나. '$\frac{7}{10}$이 크냐, 0.4가 크냐'와 같이 분수와 소수가 섞여 있을 때는 더욱 크기 비교를 어려워한다. 그러나 '분수를 소수로 바꾸기', '소수를 분수로 바꾸기' 등을 미리 해놓으면 크게 복잡하지도 어렵지도 않다.

6

3학년 엄마라면
이것만은 꼭

혼합계산은 순서가 중요하다

더하기와 빼기 부호가 한 번만 있으면 자리 수가 얼마나 크든 문제 푸는 것이 그다지 복잡하지 않다. 그러나 더하기와 빼기가 여러 번 나오거나 섞여 나오는 혼합계산은 계산의 순서가 무엇보다 중요하다.

덧셈은 2개가 나오든 10개가 나오든 순서에 상관없이 계산하면 된다. 27+18+12+13은 순서대로 더해도 되고, 27+13을 먼저 계산한 후 18+12를 계산하여 40+30=70으로 풀어도 무방하다. 덧셈만 연속되면 순서를 바꾸어 계산해도 아무 상관이 없다.

그러나 뺄셈이 연속될 때는 반드시 순서대로 계산해야 한다는 것을 기억하게 한다.

만약 덧셈과 뺄셈이 섞여 있다면? 이 또한 순서대로 계산해야 한다.

20-3+7의 답은 20에서 3을 뺀 다음 다시 7을 더하여 24이다. 만약에 순서대로 계산하지 않고, 3과 7을 먼저 더한 후 20에서 10을 빼면 10이라는 전혀 다른 답이 나온다. 따라서 덧셈과 뺄셈이 섞여 있을 때는 처음부터 순서대로 차근차근 풀어나가야 한다.

그럼 곱셈과 나눗셈을 여러 번 계산해야 한다면 어떻게 해야 할까? 곱셈만 있는 경우에는 더하기처럼 순서를 바꿔서 계산해도 상관없지만, 나눗셈만 있는 경우에는 뺄셈처럼 반드시 순서대로 해야 한다. 그리고 나눗셈과 곱셈이 섞여 있으면 덧셈과 뺄셈이 섞여 있을 때처럼 반드시 앞에서부터 풀어나가야 한다. 덧셈과 뺄셈, 곱셈과 나눗셈이 섞여 있는 괄호가 있는 복잡한 혼합계산은 5학년 과정에서 배우게 된다.

나눗셈의 원리에서 출발한 분수 이해하기

물고기 한 마리를 세 사람이 똑같이 나누려면 1, 2, 3 같은 자연수만으로는 표현할 수 없으므로 만들어진 수가 분수다. 고대 그리스에서 수는 자연수를 뜻했고, $\frac{1}{3}$ 같은 분수는 하나를 3등분한다는 뜻에서 자연수 사이의 비율이라고 생각했다. 분수에는 '전체를 몇 조각으로 나눈 것 중의 한 부분'이란 뜻과 '기준이 되는 수와 비교하는 수'라는 비교 개념이 들어 있다. 또 나누는 수와 나뉘는 수의 개념이 들어 있다.

그렇다면 분수의 크기는 어떻게 비교할까?

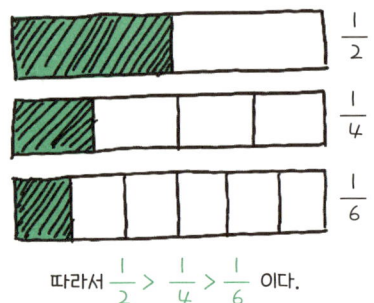

따라서 $\frac{1}{2} > \frac{1}{4} > \frac{1}{6}$ 이다.

우선, 단위분수의 크기를 비교한다면, 막대를 둘로 나눈 하나는 $\frac{1}{2}$ 이라고 한다. 같은 길이의 막대를 3등분한다면 그중 하나는 $\frac{1}{3}$ 이라고 하고, 이것은 막대를 둘로 나누었을 때의 하나보다 작다. 만약 같은 길이의 막대를 4등분했다면 3등분한 것보다 크기가 작고, 6등분했다면 4등분한 것보다 작다. 이것을 기호로 나타내면 다음과 같다.

$$\frac{1}{2} > \frac{1}{3} > \frac{1}{4} > \frac{1}{6} > \frac{1}{8} > \frac{1}{12}$$

4등분한 것 중의 2개를 표현하면 $\frac{2}{4}$ 가 되고, 이것은 $\frac{1}{2}$ 과 크기가 같다. 마찬가지로 $\frac{3}{6}$ 도 $\frac{1}{2}$ 과 크기가 같다. 따라서 분수의 크기는 $\frac{1}{2} = \frac{2}{4} = \frac{3}{6}$ 이다. 피자 한 판을 똑같이 여덟 조각으로 나눈 것 중의 하나는 $\frac{1}{8}$ 이고, 이 중 세 조각을 먹었다면 $\frac{3}{8}$ 을 먹은 것이다. 사과 30개의 $\frac{1}{6}$ 은? 사과 30개를 여섯 묶음으로 똑같이 나누었다는 뜻이므로 5개가 된다.

따라서 사과 10개는 30의 $\frac{2}{6}$, 즉 $\frac{1}{3}$ 이 된다. 이처럼 전체의 몇 분의 몇인지를 구하는 것은 아이들에게는 만만치 않은 일이다.

분수와 소수의 관계 알기

−

전체를 똑같이 10개로 나눈 것 중의 하나를 $\frac{1}{10}$ 이라고 표현하는 것이 분수다. 분수 $\frac{1}{10}$ 은 0.1이라고 쓰고 '영점일'이라고 읽을 수 있다. 0.1에서 점(.)은 소수점이고 0.1, 0.2, 0.3 같은 수는 소수다.

소수는 왜 사용하게 되었을까? 몸무게가 33kg과 34kg 사이라면, 어림으로 33 혹은 34라고 하는 것보다 33.3kg, 33.7kg이라고 하는 게 더 정확한 표현이다. 소수는 그것이 무게든, 길이든, 마지막 자리 수인 1의 자리보다 더 작은 수를 표현해야 할 필요가 있어서 만들어진 수로 무한히 많다. 0과 1 사이의 소수는 무수히 많다.

또한, 소수에도 10진법처럼 자릿값이 있다. 점을 찍는 자리를 기준으로 점 앞에는 1의 자리, 10의 자리, 100의 자리, 점 뒤로는 소수 첫째 자리, 소수 둘째 자리, 소수 셋째 자리다. 자리가 뒤로 가면 갈수록 더 작아진다. 소수에서 점은 자릿값이 1 이상인 부분과 1보다 작은 부분을 구분하는 역할을 한다. 이 소수점을 통해 자연수와 소수를 구분할 수 있게 된다.

100점 한번 받아보기

−

3학년쯤 되면 점수 관리도 어느 정도 필요한 시점이다. 3학년이 되면 저학년 때와 달리 기분에 따라 시험 성적이 좌우되는 일이나 단순한 실수는 점점 줄어든다. 시험을 치르는 요령도 어느 정도 생기고, 시험에 어떻게 대비해야 하는지도 알게 된다. 시험 대비를 안 할 뿐이지 대비를 해야 한다는 것 자체를 모르는 나이는 아니다.

3학년 때부터 틀린 문제는 오답노트를 만들어 확실히 알고 넘어가게 해야 한다. 시험에서는 틀렸지만 집에 와서 다시 풀어본 결과 답을 맞혔다고 해서 아이가 그 문제에 대해 확실히 알고 있다고 말할 수는 없다.

스토리텔링형 문제에서 곱셈을 해야 할까 나눗셈을 해야 할까 망설이다 나눗셈을 해서 틀렸는데 집에 돌아와서는 곱셈으로 계산해 맞은 것은, 실수가 아니라 곱셈과 나눗셈의 응용을 제대로 하지 못하는 것이다. 이 경우 다시 한번 명확히 구분하여 익히게 해줘야 한다.

점수 관리를 해야 한다고 해서 그것이 꼭 시험에서 100점을 맞게 하라는 얘기는 아니다. 모르는 것은 확실히 알고 넘어가게 하라는 차원에서 점수 관리를 하라는 것이다. 점수 관리를 해야 하는 또 하나의 이유는 자신감 때문이다. 아이들 역시 3학년이 되면 2학년 때와는 학교 분위기가 다르다는 것을 조금씩 감지해간다. 점점 공부 못하는 아이와 잘하는 아이로 나뉜다는 것을 누구보다 잘 알고 있다.

'나는 수학이 싫어!', '나는 공부를 못하는 아이야!'
성적이 잘 나오지 않는 아이 중에는 은연중에 이렇게 위축되는 아이도 생긴다. 따라서 아이가 위축되지 않도록 관리해주는 것이 필요하다. 자신감을 얻을 수 있는 가장 손쉬운 방법은 100점을 한번 받아보는 것이다.

그러나 3학년 때는 시험에서 100점을 받기가 저학년 때처럼 쉽지 않다. 따라서 뒤처진 아이는 한꺼번에 점수를 잘 받으려고 계획을 세우기보다 조금씩 올려준다는 기분으로 임해야 결과에 실망하지 않을 수 있다.

'공부했는데 왜 100점을 못 받았지?' 이렇게 조급하게 생각하면 마음에 상처를 입기 쉽다. 70점을 받은 아이라면 다음에는 80점, 그다음에는 90점을 받자고 따뜻하게 격려해주는 것이 좋다.

한번 100점을 받아보면 계속 받고 싶어진다. 나는 공부를 잘한다는 것을 눈으로 확인하면 자신감의 크기가 달라지는 것이다. 100점이 동기 부여가 되어서 한번 100점을 받은 아이는 계속 노력하게 된다.

아이가 어려워하는 특정 단원이 있다면

아이들이 어려워하는 단원이나 문제에는 그럴 만한 이유가 있다. 물론 이유가 다양할지라도 엄마는 어떻게든 그것을 해결해주는 게 좋다. 아이들은 어떤 것을 어려워할까? 그때는 어떻게 대처해야 할까? 이 두 가지는 엄마가 풀어야 할 숙제다.

첫째, 아이들은 자신들이 하기 싫어하는 것을 어려워한다. 아직은 고학년이 아니므로 심리적인 요인이 크게 작용하는 것이다. 즉 재미있는 것은 쉽게 풀고, 재미없는 것은 어려워한다. 혹은 어려운 문제는 하기 싫어하고, 쉬운 문제만 풀려고 한다. 심리적인 요인에 따라 아는 문제도 틀리거나 어렵게 받아들일 수 있다. 아이마다 유난히 싫어하는 단원이나 문제 유형이 있는데, 예를 들면 수직선이나 그래프만 나오면 "어려워요!" 하고 외면해버리는 아이들도 있다.

"이거 네가 생각을 안 해서 그렇지, 그리 어려운 건 아닌데……, 한 번 같이 해보자."

하기 싫어서 엄살을 부리는 아이들은 한 단계 한 단계 아이가 해결할 수 있도록 문제 속으로 아이를 끌어들여야 한다.

둘째, 처음 나오는 것은 당연히 어렵게 느낀다. 어떤 아이든 한번 배운 것에 대해서는 자신감이 있다. 그러나 배우지 않은 것은 잘 모른다. 많은 아이가 새로운 것은 배워야 할 수 있다고 생각해, 배우지도 않은 걸 어떻게 하느냐는 말부터 꺼낸다. 그러나 배우지 않아도 교과서 설명이나 그림을 통해 이해할 수 있는 부분이 있다. 예습할 때는 교과서나 문제집에 요약해놓은 개념을 보고 스스로 생각해서 풀어본다. 그런 다음 틀린 문제에 관해서는 설명을 듣고 다시 풀어보도록 한다.

셋째, 문장이 길면 무조건 어렵다고 생각해 겁부터 먹기도 한다. 문장을 읽어서 다시 한번 생각을 해야 하는 것도 싫어한다. 이런 아이들은 생각하는 것 자체를 싫어하는 경우가 많다.

"이 문제를 천천히 읽어보자. 문제 안에 해결 방법이 다 있어. 문제에서 알 수 있는 조건이 뭐야? 그럼 뭘 구해야 하는데?"

"한 번만 생각하면 충분히 풀 수 있어. 다시 한번 생각해봐. 이것만 풀고 간식 먹자."

이렇게 차근차근 격려해주거나 당근을 주면서 장기적으로는 생각하는 것을 좋아하게끔 유도해야 한다.

또한, 다시 한번 생각하도록 꼬아낸 문제들을 싫어하는 아이도 있다. 어렵지 않은 문제를 꼬아놓으니 풀기가 귀찮은 것이다. 문제 자체를 쓸데없이 꼬아서 낸 경우에는 아이 편을 들어 맞장구를 쳐주는 것도 좋다. 문제집에 그러한 문제들이 많다면 문제집을 바꿔주는 것도 좋다.

넷째, 모르는 것은 당연히 어렵다. 정말 아이가 그 단원이나 개념을 모르기 때문에 어려워할 수 있다. 때때로 이른바 "속 터져서 내 아이 못 가르친다"는 엄마들의 하소연을 실감하기도 한다. 이때는 아이가 좌절감을 느끼지 않도록 격려해주면서 몇 번이고 다시 가르쳐주어야 한다. 그런 다음 문제집 등에서 같은 유형의 문제를 찾아 완전히 이해할 때까지 풀게 한다. 엄마도 인내심을 갖고 노력해야 할 부분이다. 어떤 경우에라도 아이에게 한숨이나 말로 상처를 주어 다시는 엄마와 공부하지 않겠노라고 다짐하는 사태를 만들지 말아야 한다. 상황이 그 정도로 심각하게 흘러갈 때는 차라리 엄마가 아이 공부에서 손을 떼는 편이 낫다.

7
4학년
수학의 포인트

 초등학교 1, 2, 3학년에서는 수와 연산의 비중이 크지만, 4학년부터는 영역별로 좀 더 깊이 있고 다양한 사고력을 요구한다. 4학년이 되면 아이들이 '어렵다'는 말을 많이 하는데, 확실히 3학년보다 어려운 것은 사실이다. 미리 문제집 목차를 보면서 아이를 어떻게 밀고 끌어줄지 계획을 세워놓도록 한다.
 공부를 어느 정도 하는 아이들은 주변에서 선행학습을 많이 하는 친구들을 보면서 초조함을 느낄 수 있는 학년이기도 하다. 급할수록 돌아가라는 옛 어른들의 말을 적용할 필요가 있다. 준비가 덜 된 부분은 다지기를 하고 올라가야 한다. 내용도 어려워지는데 급하게 진도를 나가고 선행을 하려 해서는 안 된다. 또, 공부하는 습관을 잘 잡아놓지 않으면 아이들은 4, 5, 6학년 중에서 한 번은 시련을 겪는다. 4학

년은 실력을 끌어올리는 시기로 잡고, 슬럼프에 빠지지 않도록 함께 노력해야 한다.

4학년 수학 교과서 차례

4학년 1학기

- 1단원: 큰 수

  다섯 자리 수, 억·조 알기, 뛰어 세기, 수의 크기 비교

- 2단원: 각도

  각의 크기 알기, 각 그리기, 직각·예각·둔각 알기, 각의 합과 차, 삼각형의 내각의 합 알기, 사각형의 내각의 합 알기

- 3단원: 곱셈과 나눗셈

  세 자리×두 자리, 몇십으로 나누기, 몇십몇으로 나누기

- 4단원: 평면도형의 이동

  평면도형 밀기, 평면도형 뒤집기, 평면도형 돌리기

- 5단원: 막대그래프

  막대그래프 알아보기, 막대그래프 그리기, 막대그래프로 이야기 만들기

- 6단원: 규칙찾기

  수의 배열 규칙찾기, 도형의 배열 규칙찾기, 계산식에서 규칙찾기, 규칙적인 계산식

4학년 2학기

- 1단원: 분수의 덧셈과 뺄셈

  분모가 같은 분수의 덧셈과 뺄셈, 자연수와 분수의 덧셈과 뺄셈, 대분수와 대분수의 덧셈과 뺄셈

- 2단원: 삼각형

  변의 길이에 따라 삼각형 분류하기, 이등변삼각형의 성질, 정삼각형의 성질, 각의 크기에 따라 삼각형 분류하기

- 3단원: 소수의 덧셈과 뺄셈

  소수 두 자리 수, 세 자리 수, 소수의 크기 비교, 소수의 덧셈, 소수의 뺄셈

- 4단원: 사각형

  수직과 수선, 평행과 평행선, 평행선 사이의 거리, 사다리꼴, 평행사변형, 마름모

- 5단원: 꺾은선그래프

  꺾은선그래프 알아보기, 꺾은선그래프 나타내기, 꺾은선그래프의 활용

- 6단원: 다각형

  다각형, 정다각형, 대각선, 다각형 모양 만들기, 다각형 모양 채우기

큰 수의 자리 수를 알고, 쓰고 읽는 법

-

3학년 때 10000까지 배웠다면 4학년에서는 수의 단위가 커진다. 수와 숫자의 관계를 다시 한번 살펴보기로 하자. 이것은 3학년 때 자리 수에서 배웠다. 714362에서 7은 십만의 자리 숫자이고, 7이 나타내는 수는 700000이며, 1은 만의 자리 숫자이고, 1이 나타내는 수는 10000이며, 4는 천의 자리 숫자이고, 4가 나타내는 수는 4000이다. 3은 백의 자리 숫자이고, 3이 나타내는 수는 300이다. 6은 십의 자리 숫자이며 60을 나타낸다. 2는 일의 자리 숫자이며 2를 나타낸다. 수의 단위는 네 자리마다 바뀐다. 즉, 9999 다음 수는 10000, 즉 1만이 되고, 9999만 9999 다음에는 100000000, 즉 1억이 되며, 9999억 9999만 9999 다음에는 1000000000000, 즉 1조가 된다. 실생활에서 숫자를 표기할 때는 세 자리마다 쉼표를 사용한다. 즉, 714362는 칠십일만 사천삼백육십이로 읽지만, 쓸 때는 71만 4362 또는 714,362로 표기한다.

4학년에게는 큰 산, 곱하기와 나누기

-

세 자리 수 곱하기 한 자리 수나 두 자리 수 곱하기 두 자리 수를 잘 했더라도, 세 자리 수 곱하기 세 자리 수와 네 자리 수 곱하기 두 자리 수, 세 자리 나누기 두 자리 수의 연산은 아이들이 아주 싫어한다. 자리 수가 하나 더 많아짐으로써 연거푸 받아올림과 받아내림을 하느라 신경을 곤두세워야 하기 때문이다. 계산력이 약한 아이들은 이 단원을 공부하면서부터 수학을 점점 싫어하게 되고, 이제까지 계산에 자신이 있었던 아이들도 싫증을 내고 겁을 먹는다.

예) 어느 공장에서는 한 시간에 245개씩 인형을 만듭니다. 이 공장에서 하루 8시간씩 일하고 일요일은 쉰다고 합니다. 이 공장에서 3주일 동안 만들 수 있는 인형은 모두 몇 개인지 식을 쓰고 답을 구하시오.

```
식) 245×8×18,      245
                 ×   8
                 ─────
                  1960,

                  1960
                ×   18
                ──────
                 15680
                  1960
                ──────
                 35280
```

각도 측정하기

1학기 때 중요한 단원은 각도 단원이다. 직각 등 각의 크기 알아보기, 각도 그리기와 각도 재기, 각도 더하기와 빼기 등을 배운다. 각도기를 이용하여 각을 잴 때 밑금과 각도기의 중심에 꼭짓점을 맞추는 훈련이 필요하고, 각도기에서 큰 각과 작은 각 중 어느 각을 읽어야 하는지 등 각도기 보는 법을 익히는 것이 필수다.

각의 크기 재기나 각도 그리는 것을 보면 아이의 성격을 알 수 있는데, 덜렁거리는 아이들은 대충대충 그리다 보니 조금씩 밑금에서 벗어나 정확한 각의 크기를 맞추지 못해, 잴 때마다 각의 크기가 달라지는 경우가 많다. 각도 재는 것을 힘들어하는 아이는 각도 계산도 지레 복잡하게 생각한다. 각도 구하기는 개념만 잡혀 있으면 아주 쉽고 재미있다는 것을 아이들에게 주지시킬 필요가 있다.

삼각형, 사각형, 수직과 평행 등 기하의 기본

2학기에는 기하의 기본이라 할 수 있는 도형을 본격적으로 배우기 시작한다. 우선 각 도형의 정의를 확실히 익혀두는 것이 필요하다.

이등변삼각형: 두 변의 길이가 같은 삼각형
정삼각형: 세 변의 길이가 같은 삼각형
예각삼각형: 삼각형의 세 각의 크기기 90도보다 작은 삼각영
직각삼각형: 삼각형의 어느 한 각이 직각인 삼각형
둔각삼각형: 삼각형의 어느 한 각이 둔각인 삼각형

아이들은 이 중에서 둔각삼각형과 예각삼각형의 구분을 어려워한다.

4학년 2학기에는 수직과 평행, 여러 가지 다각형을 배운다. 여기서는 개념과 정의를 확실히 입력해놓아야 한다. 예를 들면, 두 직선이 만나서 이루는 각이 직각일 때, 두 직선은 서로 수직이라고 한다. 그리고 한 직선에 수직인 두 직선을 그으면 두 직선은 서로 만나지 않는데, 이것을 평행이라고 한다.

사다리꼴, 평행사변형, 마름모 등을 배울 때는 도형의 정의와 성질 등을 확실히 알아놓도록 한다. 예를 들면, 사다리꼴은 마주보는 두 쌍의 변이 서로 평행인 사각형이다. 평행사변형은 마주보는 두 쌍의 변의 길이가 같고, 마주보는 두 쌍의 각의 크기가 같으며, 이웃하는 두 각의 합은 180도이다. 정사각형은 네 변의 길이와 네 각의 크기가 같은 사각형이며, 마주보는 두 쌍의 변이 서로 평행하다. 따라서 정사각형은 사다리꼴, 평행사변형, 직사각형, 마름모라고 할 수 있다. 4학년에서 배우는 도형에 대한 정확한 정의와 성질은 기하의 뼈대라고 할 수 있다. 도형을 어려워하는 아이는 중학교, 1학년 2학기, 2학년 2학기에서 많은 부분을 차지하는 기하 파트의 도형의 정의와 정리를 이용한 증명과 도형의 합동과 닮음 등을 응용한 문제를 힘들어하기 때문에 도형의 토대를 잘 놓아주고 응용문제를 다루어야 한다.

5학년 수학의 포인트

5학년을 어떻게 보내느냐에 따라 중·고등학교의 수학 실력이 좌우된다. 5학년 때는 수학을 잘하는 아이와 못하는 아이의 수학 실력의 격차가 급격히 벌어지는 시기이기도 하다.

초등학교 전 과정을 통해서 가장 중요하고 어려운 단원이 많은 학년은 5학년 1학기일 것이다. 5학년부터는 갑자기 실력을 쌓을 수도 없고 학교 시험 점수 또한 올리기가 쉽지 않은 상황에서 계산력과 사고력 두 마리 토끼를 동시에 잡아나가야 한다.

특히 계산력은 5학년 때 완성한다는 각오로 임해야 하므로 5학년으로 올라가기 전 겨울방학에는 반드시 4학년까지의 과정을 점검하고 5학년을 대비해야 한다. 어렵다고 뒷걸음질치거나 지레 포기하지 않게, 지혜롭게 아이를 이끌어갈 방법을 찾기 위해 많은 고민을 해야 한다.

5학년 수학 교과서 차례

5학년 1학기

- **1단원: 자연수의 혼합계산**
  덧셈과 뺄셈이 섞여 있는 식, 곱셈과 나눗셈이 섞여 있는 식, 괄호, 덧셈, 뺄셈, 곱셈이 섞여 있는 식, 덧셈, 뺄셈, 나눗셈이 섞여 있는 식, 덧셈, 뺄셈, 곱셈, 나눗셈이 섞여 있는 식

- **2단원: 약수와 배수**
  약수와 배수, 약수와 배수의 관계, 공약수와 최대공약수, 최대공약수 구하는 방법, 공배수와 최소공배수, 최소공배수 구하는 방법

- **3단원: 규칙과 대응**
  두 양 사이의 관계, 대응 관계를 식으로 나타내기, 생활 속에서 대응 관계 찾기

- **4단원: 약분과 통분**
  크기가 같은 분수, 약분, 통분, 분수의 크기 비교, 분수와 소수의 크기 비교

- **5단원: 분수의 덧셈과 뺄셈**
  분수의 덧셈, 분수의 뺄셈

- **6단원: 다각형의 둘레와 넓이**
  정다각형의 둘레, 사각형의 둘레, 넓이의 단위, 직사각형의 넓이, 평행사변형, 삼각형, 마름모, 사다리꼴의 넓이

5학년 2학기

- 1단원: 수의 범위와 어림하기

  이상과 이하, 초과와 미만, 수의 범위, 올림과 버림, 반올림

- 2단원: 분수의 곱셈

  분수×자연수, 자연수×분수, 진분수의 곱셈, 여러 가지 분수의 곱셈

- 3단원: 합동과 대칭

  도형의 합동, 합동인 도형의 성질, 선대칭 도형, 점대칭 도형

- 4단원: 소수의 곱셈

  소수×자연수, 자연수×소수, 소수×소수, 곱의 소수점 위치

- 5단원: 직육면체

  직육면체, 정육면체, 직육면체의 성질, 직육면체의 겨냥도, 정육면체의 전개도, 직육면체의 전개도

- 6단원: 평균과 가능성

  평균, 일이 일어날 가능성

더하기, 빼기, 곱하기, 나누기가 섞인 혼합계산

자연수 범위의 혼합계산이지만 아이들은 혼합계산만 나오면 겁부터 먹는다.

혼합계산에서 가장 중요한 것은 계산의 순서이다. 괄호가 있는 것은 괄호부터, 다음에는 곱셈과 나눗셈을 왼쪽부터 순서대로, 더하기

와 빼기 역시 같이 있으면 순서대로 한다. 머릿속으로는 이해하면서도 막상 문제를 앞에 주면 무척 헷갈리는 것이 바로 혼합계산이다. 혼합계산은 퍼즐로 다루어주는 것도 도움이 된다. 네모 안에 부호를 넣어서 식을 완성하는 것이다.

문제) 등식이 성립하도록 ○안에 +, −, ×, ÷의 기호를 한 번씩 써넣으시오.

1. 9○2○3○6○2=10
2. 20○12○4○7○2=18
3. 42○6○5○8○27=20

풀이)
1. 9−2×3÷6+2=10
2. 20+12−4×7÷2=18
3. 42÷6+5×8−27=20

　퍼즐 문제는 머리는 좋은데 계산은 질색인 아이들에게, 그리고 복잡한 생각을 싫어하는 아이들에게 두루 좋다. 이런 문제집은 혼합계산의 순서에 대해서 확실히 짚고 넘어가게 해준다.
　5학년 때 자연수 범위 내의 혼합계산을 잘해놓아야 나중에 분수와 소수의 혼합계산에 능숙해질 수 있다. 중학교 1학년에 가면 유리수의 혼합계산을 배운다.

약수와 배수, 최대공약수와 최소공배수, 약분, 통분

초등학교에서 수학을 가장 어려워하는 학년은 5학년이다. 5학년 때 수학을 포기한다는 수포자가 많이 나오는 시기이다. 이런 이유로 5학년을 어떻게 보내느냐에 따라 앞으로의 수학 실력이 좌우된다고 할 수 있다. 아이들이 배수와 약수를 배울 때는 최소공배수, 공배수, 배수, 최대공약수, 공약수, 약수 같은 용어와 개념을 헷갈려한다. 1은 모든 수의 약수이지만 약수를 구할 때 자꾸 빼먹는다. 어떤 수의 약수를 구할 때 그 어떤 수 자신이 약수가 되며, 배수를 구할 때도 어떤 수 자신이 배수가 된다는 사실을 자꾸만 잊어버린다. 게다가 최소공배수와 최대공약수를 이용한 응용문제들은 아이들을 수학과 멀어지게 하기에 충분할 만큼 어려운 것도 사실이다. 배수와 약수 단원을 아무리 많이 연습해도 지나치지 않은 이유는 중·고등학교 수학은 유리수의 계산력이 절대적으로 필요하기 때문이다. 5학년 때 분수의 계산 시기를 놓치면, 조그만 틈새는 갈수록 점점 더 커질 수밖에 없다. 분수의 계산력은 아무리 강조해도 부족함이 없다.

최대공약수, 최소공배수를 구하는 것에 적응이 될 만하면 또 하나의 산이 기다리고 있다. 바로 약분과 통분이다. 분수의 사칙연산을 하기 위해서는 약분과 통분을 많이 훈련해야 한다.

약분: 분모와 분자를 그들의 공약수로 나누는 것을 약분한다고 한다.
기약분수: 분모와 분자를 그들의 공약수로 약분한 분수 중에서 분모와 분

자의 공약수가 1뿐인 분수를 기약분수라고 한다.
통분 : 분모가 다른 2개 이상의 분수의 분모를 같게 하는 것을 통분한다고 하며, 통분한 분모를 공통분모라고 한다.

분모가 다른 분수의 덧셈, 뺄셈은 분모를 통분해서 공통분모를 만들어준 다음 계산한다. 일단 분모를 같게 통분한 다음 분수의 덧셈과 뺄셈에서 유의해야 할 점은, 분모는 더하지 않고 분자끼리만 더하거나 뺀다는 것이다.

즉, $\frac{3}{4} + \frac{1}{5} = \frac{15}{20} + \frac{4}{20} = \frac{19}{20}$ 이다.

문제) 다음은 두 기약분수를 통분한 것입니다. 통분하기 전의 두 분수를 각각 구하시오.

(가, 나) → ($\frac{143}{156}$, $\frac{96}{156}$)

$\frac{143}{156}$ 을 13으로 약분하면 $\frac{11}{12}$ 이 되고, $\frac{96}{156}$ 을 12로 약분하면 $\frac{8}{13}$ 이 된다. 따라서 답은 $\frac{11}{12}$, $\frac{8}{13}$ 이 된다. 여기서 $\frac{143}{156}$ 을 약분하는 데 어려움을 느낄 것이다. 143이 2로도 3으로도 나누어지지 않기 때문에 아이들은 "약분이 안 돼요"라고 말할 수 있다.

2, 3, 5, 7, 11……. 등 1과 자기 자신만을 약수로 가지는 소수를 1부터 50까지 또는 1부터 100까지 찾아보고 익혀두는 것도 약분을 하는 데 도움이 된다.

직육면체, 도형의 대칭과 합동

–

5학년이 되면 입체도형에 대해서 다룬다. 직육면체와 정육면체에서는 보이는 선과 보이지 않는 선, 보이는 면과 보이지 않는 면을 실선과 점선을 이용하여 구분하고, 전개도 그리기를 배운다. 그림을 보고 설명하기보다는 정육면체와 직육면체 모양의 상자를 잘라보고 이어보도록 한다. 어느 점과 어느 점이 맞닿는지 눈으로 확인하는 과정을 거치면 다음엔 자연스럽게 머릿속으로 그림을 그릴 수 있게 된다. 6학년에 올라가면 원기둥과 원뿔, 회전체 등을 다루고 직육면체, 정육면체, 원기둥의 부피와 겉넓이 구하는 것을 배우게 된다. 도형의 합동에서는 합동인 삼각형을 그릴 수 있는 조건을 확실하게 암기해두도록 한다.

합동인 삼각형을 그릴 수 있는 조건
· 세 변의 길이가 주어졌을 때
· 두 변의 길이와 그 사이의 각의 크기가 주어졌을 때
· 한 변의 길이와 양 끝각의 크기가 주어졌을 때

삼각형을 그릴 수 있는 조건 중 세 변의 길이와 관련된 또 하나의 중요 포인트는 가장 긴 변의 길이가 나머지 두 변의 길이의 합보다 작아야 한다는 것이다.

6학년
수학의 포인트

6학년이 되면 교과서 위주의 공부로는 어려움을 많이 느끼게 된다. 실력을 차곡차곡 쌓는다는 마음으로 6학년 1년 동안 본격적으로 중학교에 대비하는 관리가 필요하다. 6학년이 되면 현행학습 위주로 공부하던 아이들도 중학교 수학 선행학습을 염두에 두기 때문에 초등학교의 모든 과정을 제대로 마스터했는지 확인하고, 심화학습과 더불어 중학교 선행학습에 돌입한다.

6학년 1년 동안이라도 사고력을 키울 수 있는 문제로 심화학습을 한 아이들은 중학교에 가서 '예전에 공부했던 거잖아!'라고 어려운 문제도 어렵지 않게 느낄 수 있다. 초등학교 마무리와 중학교 대비는 어떻게 하면 될까?

6학년 수학 교과서 차례

6학년 1학기

- **1단원: 분수의 나눗셈**

  자연수÷자연수의 몫 분수로 나타내기, 분수÷자연수, 대분수÷자연수

- **2단원: 각기둥과 각뿔**

  각기둥 알아보기, 각기둥의 전개도 알아보기, 각뿔 알아보기

- **3단원: 소수의 나눗셈**

  소수÷자연수, 몫이 1보다 작은 소수÷자연수, 소수점 아래 0을 내려 계산하는 소수÷자연수, 몫의 소수 첫째 자리에 0이 있는 소수÷자연수

- **4단원: 비와 비율**

  두 수의 비교, 비 알아보기, 비율 알아보기, 백분율 알아보기, 백분율 사용하는 경우 알아보기

- **5단원: 여러 가지 그래프**

  그림그래프 알아보고 나타내보기, 띠그래프 알아보고 나타내보기, 원그래프 알아보고 나타내보기, 그래프 해석하기, 여러 가지 그래프 비교하기

- **6단원: 직육면체의 부피와 겉넓이**

  직육면체의 부피 비교, 직육면체의 부피 구하는 방법, 직육면체의 겉넓이 구하는 방법

6학년 2학기

- 1단원: 분수의 나눗셈

  분수÷분수, 분수÷자연수, 분수÷분수를 분수×분수로 나타내기

- 2단원: 소수의 나눗셈

  소수÷소수, 자연수÷소수, 몫을 반올림하여 나타내기, 나누어주고 남는 양 알아보기

- 3단원: 공간과 입체

  어느 방향에서 보았는지 알아보기, 쌓은 모양과 쌓기나무의 개수 알아보기, 여러 가지 모양 만들기

- 4단원: 비례식과 비례배분

  비의 성질 알아보기, 간단한 자연수 비로 나타내기, 비례식 알아보기, 비례식의 활용, 비례배분해보기

- 5단원: 원의 넓이

  원주와 지름의 관계 알아보기, 원주율 알아보기, 원주와 지름 구하기, 원의 넓이 구하기

- 6단원: 원기둥, 원뿔, 구

  원기둥 알아보기, 원기둥의 전개도 알아보기, 원뿔 알아보기, 구 알아보기

부피와 겉넓이

—

6학년 아이들을 붙들고 어느 단원이 가장 싫으냐고 물으면, 십중팔구 부피와 겉넓이 단원을 꼽는다. 한 문제를 푸는 데 시간이 오래 걸릴 뿐 아니라 계산해야 할 숫자도 크고 복잡하며, 단위를 꼭 써주어야 하고 때에 따라서는 단위를 바꾸어주어야 하는 등, 한 문제를 해결하기 위하여 신경 써야 하는 부분이 그만큼 많기 때문이다. 특히 원의 넓이, 원주, 원기둥의 겉넓이, 부피 등은 소수점 계산 때문에 계산력이 약하거나 문제에 대한 이해력이나 해결력 또는 집중력이 떨어지는 아이들은 스트레스가 심해진다.

반면에 창의력이 있는 아이들, 문제해결 능력이 우수한 아이들은 새로운 유형의 문제를 발견하면 시간 가는 줄 모르고 신나게 붙들고 늘어지는 단원이기도 하다.

부피와 겉넓이 구하는 공식을 잘 암기하고 있는지 체크하고 계산의 실수를 줄이기 위해 연습장 사용을 습관화하는 것이 좋다. 줄이 없는 연습장보다는 줄이 있는 연습장에 가지런히 순차적으로 계산식을 적는 훈련을 하는 게 좋다. 여기저기 빈칸을 찾아다니며 계산하다가 엉뚱한 답을 쓰거나, 검산 시 처음부터 다시 계산하는 시간 낭비를 줄이는 데 효과적이기 때문이다.

이 단원의 문제를 많이 풀어야 할 때는 소수의 연산이 잘 되어 있는 아이들에게는 굳이 계산을 시키지 말고 식을 세우는 것까지 확인하고 맞은 것으로 인정해줘도 괜찮다.

비와 비율, 비례식, 비율 그래프

-

6학년 아이들이 가장 어려워하는 것은 바로 비와 비율, 비례식이다. 비례식은 중학교에 가서 문자와 식, 방정식과 직결되는 만큼 중요하므로 확실하게 해놓고 가야 한다.

남학생이 3명, 여학생이 5명 있을 때 남학생 수와 여학생 수의 비를 3:5로 나타내고 3대5라고 읽는다. 이것을 5에 대한 3의 비, 3의 5에 대한 비, 3과 5의 비라고도 한다. 또한 여학생 수를 기준량이라 하고 남학생의 수를 비교하는 양이라고 하며, 기준량에 대한 비교하는 양의 크기를 비율이라고 한다.

$$비율 = \frac{비교하는 양}{기준량} = \frac{3}{5}$$

1학기의 비와 비율에서 두 수의 비를 배웠다면 2학기에서는 세 수 이상의 비인 연비에 대해서 배우게 된다. 연비의 응용문제들은 만만치 않다.

문제) 현지, 다원, 선재 세 사람이 각각 5000원, 2000원, 3000원을 모아 미술 시간에 사용할 색 도화지를 200장 샀습니다. 모은 돈에 따라 색 도화지를 비례배분하시오.

풀이) 세 사람이 모은 돈은 5000:2000:3000=5:2:3이다.

전체에 대한 세 사람이 낸 돈의 비의 값은 각각 $\frac{5}{10}$, $\frac{2}{10}$, $\frac{3}{10}$ 이므로

현지: $200 \times \frac{5}{10} = 100$

다원: $200 \times \frac{2}{10} = 40$

선재: $200 \times \frac{3}{10} = 60$

답) 현지: 100장, 다원: 40장, 선재: 60장

여전히 어려운 분수와 소수의 혼합계산

5학년에서 배웠던 자연수 범위 내에서 혼합계산의 순서를 모른다면 분수와 소수의 혼합계산은 더욱 어려워질 수밖에 없다. 혼합계산은 순서는 잘 아는데 분수나 소수의 계산이 안 되는 아이들이 있다. 아이가 분수와 소수를 계산할 때 어디서 자주 틀리는지 보고 잡아줄 필요가 있다.

분수와 소수가 섞여 있을 때는 분수를 소수로 고쳐서 풀거나 소수를 분수로 고쳐서 계산하는 것이 편한지 빨리 판단할 수 있다면 계산 속도를 줄일 수 있다. 분수와 소수의 혼합계산은 워낙 중요하기 때문에 계산이 더딘 아이들은 계산력 문제집을 사서 꾸준히 풀게 할 필요가 있다.

상위 3퍼센트,
최상위권이 되는 길

미래사회에 맞는 인재로, 학교에서는 최상위권 아이로 키우고 싶은 것이 모든 부모의 마음이다. 그러나 막연하게 열심히 해야 할 것 같아서 아이들을 스파르타식 학원으로 내모는 것은 위험한 일이다. 수학적 사고력을 높이기 위하여, 최상위권으로 가기 위하여 구체적으로 어떤 노력을 해야 할까?

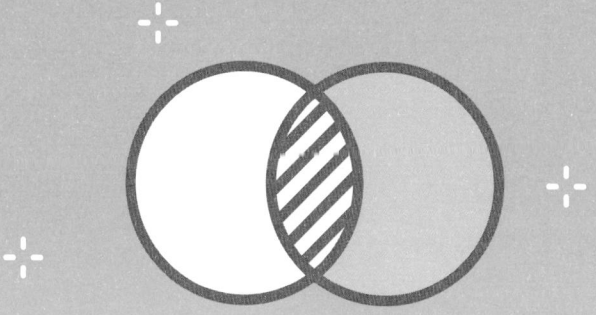

1
문제해결력이 있는 아이로 키우기

일상에서 지식과 경험을 연결하라

시각장애인이 직접 운전할 수 있는 자동차를 개발하고, 로봇 축구대회에서 5년 연속 우승한 로봇을 개발한 세계적인 로봇공학자 데니스 홍 교수. 그는 다리가 세 개인 로봇을 발명한 적이 있다. 이 로봇은 최초로 인간이 다리를 움직이는 방식으로 걷는 로봇이라고 한다. 이 로봇이 세 다리로 움직이는 방식은 두 다리 사이로 나머지 한 다리가 걸음을 내딛도록 만들어졌다. 데니스 홍 교수는 어릴 때부터 유명한 개구쟁이였는데, 컬러텔레비전이 처음 나왔을 때 텔레비전을 구입한 다음 날 텔레비전을 분해해 고장 낼 만큼 호기심이 많았다.

그는 평소에 아이디어가 떠오르는 대로 바로 적는 자신만의 노트가 있었다. 어느 날 공원에서 한 엄마가 딸의 머리 땋는 모습을 유심히 보다가 머리 땋는 방식이 재미있어 노트에 그림을 그려 넣었다. 다리가 세 개인 로봇을 어떤 방식과 순서로 걷게 할까를 고민하던 중 자신의 아이디어 노트를 보다가 머리 땋는 그림을 보고 '바로 이거구나'라는 생각을 했고, 머리를 땋는 방식으로 두 다리 사이로 나머지 한 다리를 옮기며 걷는 방식을 생각해내었다.

그는 창의성에 대해 이렇게 말한다. '기존에 있는 서로 관계없는 것들을 연결하는 능력'이라고! 나는 사고력이나 문제해결력도 비슷하다고 생각한다. 기존에 알고 있는 지식과 경험을 생각을 통해 연결해 처음 접하는 문제를 해결하는 힘이 곧 사고력이며 문제해결력인 것이다. 그러려면 무엇을 해야 할까? 우선 유심히 꼼꼼히 보는 버릇을 들이며, 아이디어 노트를 만들어 재미있는 사실들을 적어나가야 하지 않을까.

실제로 이런 아이디어 노트에 적힌 것들은 특허로 이어지기도 한다. LG생활과학아이디어공모전에서 초등학생부 금상을 받은 발명품은 엄마의 투덜거림에서 시작되었다. "왜 커튼 끼우는 게 이렇게 복잡하니? 지난번 집은 봉이었는데 이번 집은 침이네. 이사할 때마다 커튼 사기 아깝다." 아이가 만든 것은 봉과 침 둘 다 되는 커튼 봉이었다.

실생활에서 또는 자연물에서 수학적 원리를 찾아보는 것은 또 다른 즐거움을 준다. 벌집의 그림을 보면 육각형으로 되어 있다. 삼각형이나, 사각형이나, 오각형으로 벌집이 만들어졌다면 어떨까? 만약 원으로 만들어졌으면 어떨까 생각해보고 알아본다. 시어핀스키 삼각형이나, 맹거스펀지 같은 자기복제 도형이 자연물 속에서 뭐가 있을까 생각해보는 것도 좋다. 아는 것을 현실에서 발견하면 모든 것들이 새롭게 보일 것이다.

실수는 결과보다 원인에 집중하라

실수해서도 틀려서도 안 되며 오차가 있어서도 안 되는 게 수학이라고 한다. 물론 이것은 시험이라는 평가의 세계, 전문적인 세계 속의 일이다. 인생의 수없이 많은 크고 작은 평가의 기회에서 어떻게 하면 실수를 줄일 수 있을지가 늘 관건이다. 아이가 커가면서, 배우는 과정에서 수없이 많은 실수와 실패를 경험한다. 성장한다는 것은 이런 실수와 실패를 줄여간다는 의미이기도 하다. 따라서 실수에 대해 지나친 엄격함을 아이에게 적용해서는 안 된다. 물론 아이도 실수를 줄이기 위해서 노력을 해야 하지만 실수한 결과만 놓고 봐서는 안 된다.

실수하지 않는 아이는 없지만, 유난히 성격이 급해 실수가 잦은 아이가 있다. 특히, 초등 저학년 아이들은 대부분 실수를 많이 한다. 이러한 아이 옆에는 유독 실수에 민감하고 예민한 엄마들이 있다. 초등 저학년부터 엄마가 실수에 너무 엄격하면 어떤 일이 일어날까? 아이는 유독 중요한 평가에서 실수를 하고, 예상치 못한 성적을 받아오는 경우가 발생한다. 심리적으로 '실수하면 어떡하나?' 하는 불안감이 오히려 아이를 더 실수하도록 부추기는 것이다.

실수에 예민한 엄마 중에는 아이가 연산 학습지를 하는데 두 자리 수 덧셈 문제를 세 장 풀 때 두세 문제씩 틀린다면, 아직 덧셈도 안 되어 있어 뺄셈 진도를 나가면 안 된다고 생각하는 경우도 있다. 실수하는 것은 분명 교정해야 하지만 이렇게 '실수=해서는 안 되는 일'로 강박적으로 생각해서는 안 된다.

나는 아이들에게 실수로 틀린 것에 대해 심하게 야단을 친 기억은 없다. '아쉽다, 실수를 안 했으면 100점일 텐데…….' 정도의 표현이면 아이는 더 아쉬워하고 '다음에 실수를 줄여야지'라고 다짐하기 때문이다.

실수한 것은 다음에 실수를 안 하도록 하면 되고, 몰라서 문제를 틀렸다면 틀린 문제를 해결하는 방법을 알게 하는 게 중요하다. 어떤 부분이 어려운지, 문제 해석을 못 했는지 등을 파악해 같이 문제를 풀면서 몰랐던 부분을 해결한다면 아이의 실력이 향상되는 계기가 된다.

만약 아이의 성격이 급한 나머지 덜렁대서 실수한다면? 이때는 학습 환경이나 아이의 태도를 같이 바꾸어주어야 한다. 덜렁대는 아이에게는 주변 분위기를 정돈하고 학습을 시키도록 한다. 주변에 아이가 좋아하는 장난감이나 물건들이 안 보이도록, 텔레비전이나 소음 등에 아이가 반응하지 않을 곳으로 만들어 집중력을 높일 수 있게 환경을 정리하는 것이다.

또 다른 팁은 문제에 밑줄을 긋고, 계산과정을 한 번 더 보게 하고 정답을 쓴 다음에도 한 번 더 체크하게 하는 것이다. 문제에 밑줄을 그으면 더하기 문제인지 빼기 문제인지 문제를 정확히 더 보는 효과가 있다. 계산과정을 눈으로 한 번 검산하고 선택항목에 체크하고 1번인지 2번인지 답을 숫자로 적어놓으면, 답안지에 옮겨 적을 때 실수를 줄일 수 있다. 이런 단순한 방법이 버릇 들면 좋다.

수학의 기초체력을 길러라

어떤 부모든 아이가 공부에 지치는 걸 원하지 않는다. 요즈음은 다양성의 시대이기도 하고 워라밸을 중시하는 시대이기도 하다. 아이가 행복하게 살았으면 하는 바람으로 경쟁적인 공부 환경에 아이를 떠밀고 싶지 않은 부모도 많다. 책 읽기도 수학도 시키지 않고, 악기나 운동 등 아이가 좋아하는 취미활동 중심으로 스케줄을 짜는 경우가 있다. 그러다 아이가 4~5학년이 되면 "이제 수학 좀 시켜보려고요"라고 말한다. 이때쯤이면 아이도 슬슬 '나는 왜 공부를 못하지?'라며 학업의 스트레스를 받는다.

어느 순간이든 학업의 부담이 굴린 눈덩이처럼 와락 다가오는 순간이 있다. 작은아이가 중학교 3학년이 되어 갑자기 외국어고등학교에 진학하겠다고 선언했을 때, 수학 진도가 문제가 되었다. 외국어고등학교 특성상 영어는 다들 준비된 아이들이라서 그런지 수학 실력이 당락을 갈랐다. 뒤늦게 입시 준비를 하면서 작은아이는 그간 수학 공부를 많이 하지 않은 것에 대해 후회하며 오빠를 부러워했다.

"오빠는 초등학교 때부터 많은 시간과 노력을 수학에 투자해왔어.

오빠의 경시 성적은 그 노력의 결실이지. 넌 그만큼의 시간과 노력의 공을 들이지 않았을 뿐이야. 만약 너도 어려서부터 그런 노력을 했더라면 오빠보다 더 경시에서 좋은 결과를 얻었을지도 모르는 일이야."

아이를 위로해주려고 한 말이었는데, 아이의 반응이 무척이나 긍정적이었다.

"지금까지 내가 들은 말 중에 가장 위로가 되고 힘이 나는 말이야. 맞아! 내가 어려서부터 많은 시간 동안 수학을 했더라면 내가 오빠보다 더 잘했을지도 몰라."

작은아이는 그 후로 시간 축척의 힘을 믿고 방학 때는 수학 공부에 하루 10시간씩 매달렸다. 진로도 이과로 바꾸었지만, 수학에 시간과 노력을 들임으로써 학습에 부하가 걸린 것을 정면으로 돌파해버렸다.

살다 보면 이렇게 진로를 바꾸는 일 등으로 학습에 부하가 걸리는 순간이 있다. 그럴 때 슬기롭게 극복하기 위해서는 수학의 기초체력이 있어야 한다. 눈덩이를 맞지 않게 하려면 기초체력은 미리 길러놓아야 한다!

그렇다면 초등학교 아이들은 언제까지 학습의 부담 없이 놀게 해도 될까? 물론 초등학교 3~4학년 때까지는 수학 공부를 덜 시켜도 절대 늦은 시기는 아니다. 하지만 그때부터 수학에 집중해야 할 시간이 훨씬 많이 필요하다. 당연히 그때 시작하면 몇 배로 고생스러운 것은 사실이다. 수학은 '쌓이는 시간'이 필요한 과목이기 때문이다. 미취학 때는 하루 10분, 초등 저학년에는 하루 30분만 꾸준히 투자하면, 한꺼번에 갑자기 힘든 상황으로 아이를 몰고 가지 않을 수 있다.

문제해결의 기쁨을 맛보게 하라

아이들은 하나하나 보면 독립적인 성향을 가지고 있다. 그런데 유독 공부할 때만 독립성을 버리고 의존하려고 하는 아이들이 있다. 모른다고 별표를 치거나 물음표를 해놓으면 엄마나 선생님이 보통 풀이 방법을 처음부터 끝까지 친절하게 가르쳐준다. 이것이 아이에게 오히려 독이 될 수 있다. 의존적인 아이에게는 친절한 엄마나 선생님보다 기다려주는 엄마나 선생님이 필요하다.

스스로 문제를 풀게 하려면 우선 아이들에게 문제를 풀기 위해 고민할 시간을 주어야 한다. 문제를 빨리 푼 것에 대해서만 칭찬할 게 아니라, 시간이 걸리더라도 성실하게 푼 것에 대해서 더 많이 칭찬해야 한다. 아이 스스로 고민하면서 어렵게 풀었기 때문이다. 이렇게 답을 찾은 문제는 다음에도 틀리지 않는다.

아이가 문제 풀기를 기다리는 시간은 엄마에게도 인내의 시간이다. 아이는 혼자서 노력하다 지쳐 울 수도 있다. 안쓰러운 마음이 들어 가르쳐주고 싶어도, 또는 너무 답답해 소리를 버럭 지르고 싶어도 기다려줘야 한다. 만약 그날 못 풀면, 그다음 날 풀게 하는 것도 좋은 방법이다.

매일 한 문제를 30분씩 고민하는 것이 불가능한 아이라면 5분이나 10분쯤 고민하고, 못 풀면 다음 날 다시 고민하게 한다.

그 과정에서 아이는 분명히 좌절을 겪을 것이다. 그렇더라도 그런 고비를 넘기면 문제해결의 기쁨을 맛보게 되고 어느 순간 이렇게 해결한 것들은 아이에게 기쁨을 주게 될 것이다.

사고력이나 응용력이 부족한 아이일수록 이렇게 '혼자서 내던져지는 경험'이 필요하다. 그 시간 동안 아이의 머릿속에서 생각이 자란다. 물론 그런 아이일수록 자신감을 키워주도록 노력해야 한다. 수학은 고민하는 시간에 의해서 발효하는 과목이다. 발효가 되지 않으면 날 것 그대로 늘 그때그때 소비된다.

"틀려도 괜찮아. 네가 생각하는 대로, 어떻게 풀 것인지, 네 생각대로 식을 적어봐. 어디가 틀렸는지 봐줄게."

이렇게 풀어온 문제를 본 후, 답이 틀렸더라도 제대로 생각해낸 부분이 한 군데라도 있으면 그 실마리를 끄집어낸 것에 대해 한껏 칭찬해준다. 그러면 아이는 좀 더 세심하게 생각하게 되고, 차츰 '야, 아깝다. 여기까지는 맞았는데, 뒷부분을 조금만 더 생각했더라면 정답을 맞힐 수 있었는데'라며 자신감을 보이게 된다.

이렇게 스스로 푸는 버릇을 들일 때는 어려운 문제보다 쉬운 문제를 풀게 한다. 어려운 문제를 풀어서 70점 받는 것보다 쉬운 문제를 풀어서 90, 100점 받게 하는 것이 좋다. 자신감이 조금 생기는 듯하면 그때 가서 단계를 조금씩 높여주는 게 효과적이다.

그러나 엄마들이 가장 힘들어하는 것 중 하나가 아이를 이렇게 기다려주는 것이다.

'지금 못하는 건 아니지만 조금 더 끌어주고 싶다.' 대다수 엄마가 이런 마음일 것이다. 그럴수록 기다려주어 스스로 문제를 해결하는 기쁨을 맛보게 해야 한다.

아이들 중에는 수학을 게임처럼 즐기는 아이가 있다. 수학을 잘하는 아이들에게 수학의 매력에 관해 물어보면, 잘 풀리지 않아 끙끙대던 문제가 풀렸을 때의 짜릿한 기분 때문에 수학이 재미있다고 한다.

어떤 과목을 공부하건 처음은 쉬운 것부터 시작하는 것이 좋다. 만만한 부분부터 시작하면 부담스럽지 않고 즐겁게 학습할 수 있다. 경시도 마찬가지다. 한 번 성취감을 맛본 아이들은 다시 도전하게 된다.

2
최고 레벨로 가는 길

평범한 아이가 가진 가능성
-

"우리 아이는 상위 5퍼센트래요"라고 하면, 주변 엄마들이 부러움 섞인 눈으로 쳐다보기 마련이다. 그러나 초등학교 때의 상위 몇 퍼센트는 큰 의미가 없다. 초등학교 때는 자신이 원하는 목표를 위해 씨앗을 뿌리는 시기일 뿐이다.

모든 사람이 부러워하는 서울대 의대를 가려면 0.03퍼센트 안에 들어야 한다. 그리고 전국에 있는 8개의 영재학교는 총 정원이 789명밖에 안 되고 한해 고3 학생 수는 대략 40~50만 명이다. 도대체 원하는 학교에 가려면 몇 퍼센트의 경쟁률을 뚫어야 할 것인가?

그러나 숫자의 함정을 가볍게 뛰어넘는 것이 있는데, 바로 가능성이다. 그것도 평범한 아이가 가진 가능성! 이런 이유로 나는 초등학교 때 수학 공부의 목표는 1단계씩 상향하는 것이 되어야 한다고 말한다. 중위권 아이면 중상위권을 향하여, 그다음은 상위권, 최상위권을 목표로 아이의 성적을 올리다 보면 전에는 몰랐던 것이 보일 것이다. 그리고 올라가는 과정에서 아이가 가진 가능성을 끌어내야 한다.

3학년 때 학원 테스트 결과 탈락해 스타트 레벨 배정도 못 받은 남자아이가 있었다. 3학년 기본 과정에 대한 이해나 실력이 되지 않은 아이였던 것이다. 스타트 레벨 배정도 못 받은 원인은 여러 가지가 있을 수 있으므로 그동안 수학 학습량을 체크해보았다. 그동안 한 학기에 한두 권을 풀고 있었다. 책 읽은 정도를 파악해보니 일주일에 한 권도 안 읽고 있어서 일주일에 두세 권 정도의 책과 수학 문제집 2권을 추천해주고 꾸준히 풀게 한 후, 3개월 뒤 다시 테스트를 보게 했다. 3개월 후 턱걸이로 테스트를 통과하여 스타트 레벨 배정을 받았고, 그때부터 꾸준히 수업을 받았다. 아이가 좀 느리기는 하지만 꾀를 부리지 않고, 과제도 꼼꼼하게 해왔다. 엄마도 조바심내지 않으며 꾸준하게 하루하루 해야 할 양을 하게 했다.

아이는 4학년 때에 교육청 영재원 시험에 도전했으나 실패했다. 5학년에도 도전했으나 마찬가지로 실패했다. 6학년이 되었을 때 아이를 맡은 선생님이 아이의 실력이 그동안 많이 늘었고, 자신감도 많이 붙었으니 다시 한번 도전해보라고 권했다. 머뭇거릴 만한데도 아이는 선뜻 응했고, 그해 교육청 영재원 시험에 합격했다. 그리고 그때부터 영재학교 준비를 본격적으로 시작했다. 영재학교는 떨어지지 않고 바로 합격했다. 7년 노력 끝에 얻은 결실이다. 이렇게 꾸준히 천천히 노력하는 아이들은 이루고자 하는 바를 이뤄낸다.

"어디 어디에 가기 위해서는 몇 학년까지 어디까지 되어 있어야 해!" 따위의 말에 현혹될 필요는 없다. 영어는 어디까지, 수학은 어디까지, 화학은 어디까지, 물리는 어디까지 등 '어디까지'라고 조건을 거는 사람들이 많다. 어디까지 안 된 아이들은 지금 포기할 것인가? 떨어지더라도 시도해보고, 그것을 통해서 배워나가면 된다. 성장형 아이들이 가진 것은 꾸준함과 뚝심이다. 실패와 좌절을 거듭하면서도 끝까지 하는 아이들이 최고 레벨로 가는 아이들이다.

초등학교 첫 3년 영재학교로 가는 시발점

미래사회의 변화에 맞는 인재상! 공부도 시대에 따라서 무엇을 해야 하는지, 어떻게 해야 하는지 방법이 변하는 것처럼 보인다. 현재 부모들이 갖는 가장 큰 바람은 과거형 공부가 아니라 미래사회에서도 살아남을 수 있는 미래형 공부를 해놓는 것이다.

AI 기술을 비롯한 4차 산업의 발전 속도는 하루하루가 다르다. 직업의 세계도 변화의 속도가 급격하여, 많은 직업이 사라지거나 대체되기도 하고, 들어보지 못한 새로운 직업이 생겨나기도 한다. 세무사, 회계사, 판사, 의사 등 전문직도 사라질 판국이다. 불확실성은 커지고 미래 예측은 평범한 이들의 사고의 한계를 훌쩍 뛰어넘는다. 초등학교 아이들이 세상에 나갈 즈음 지금 있는 직업의 60% 이상이 사라진다고 한다. 아이들의 미래를 생각하면 막막하고 걱정이 앞설 수밖에 없다.

누구라도 과학기술 문명 앞에서 가장 중요한 과목을 꼽으라면 수학을 꼽을 것이다. 실제 인류 문명에 수학의 영향은 지대하다. 미래학자들이 21세기 미래인재에게 요구되는 핵심 역량으로 창의력, 의사소통 능력, 협업 능력, 비판적 사고 능력 등을 꼽았다.

정부는 이러한 역량을 키우기 위해서 20년 전부터 영재교육진흥법을 별도로 만들었다. 대부분의 시·도교육청 또는 대학 부설 영재교육원(영재원)에서 3, 4학년 영재학생들을 선발하여 교육한다. 주로 수학 영재, 과학 영재, 발명 영재, 또는 정보통신 분야의 영재학생을 선발한다. 영재학교와 과학고 준비의 출발점은 여기서부터 시작된다. 따라서 초등학교 첫 3년을 어떻게 보내느냐가 영재학교로 가는 시발점인 셈이다. 첫 3년을 수월하다고 만만하게 보낼 수는 없으며, 이 시기에 생각 많은 아이로 성장하게 해야 한다.

영재는 타고날까?

중1이던 큰아이가 연세대학교 영재원에 선발되었을 때, 같이 공부했던 친구들이 KMO 경시에서 두각을 나타낸 아이들이었는데, 이들의 지능검사 결과는 놀라웠다. 모든 사람의 예상대로 높았지만 진짜 놀라운 점은 150을 전후로 높은 학생과 낮은 학생의 차이가 10도 되지 않았다는 사실이다. 집중력을 발휘해 다양한 방법으로 사고하는 동안 지능도 일정 수준 이상으로 계발된 것이라고밖에 설명할 수 없다.

가끔 학부모 중에서 아이의 사고력 과제를 봐주다 보니 '사고력 문제 테스트'에서 다른 학부모보다 너무 빨리 정답을 맞혔다며 "제가 사고력이 좋아져 수능 봐도 될 것 같아요"라며 흐뭇해하는 경우가 있다. 어른들도 이러한데 사고력 발달이 왕성한 아이들의 경우 얼마나 사고의 확장이 활발히 일어나겠는가. 우리의 뇌는 쓰면 쓸수록 발달한다는 것을 그 순간 실감했다.

큰아이는 영재원에서 또래 친구들과 함께 공부하면서, 다른 친구들은 어떻게 공부하는지 보고 들으며 다양한 자극을 받았다. 친구들을 신뢰하며 다른 친구들의 장점을 자신도 본받으려 하고, 자신의 단점을 스스로 고쳐야겠다는 결심을 하기도 했다. KMO 경시를 치를 때에도 경쟁 관계기도 하지만 시험을 준비할 때는 우호적인 관계를 유지했다.

모두 비슷하거나 같은 목표를 가진 아이들이다 보니 통하는 게 많았다. 자신의 한계 뛰어넘기라는 공통분모가 있다 보니 가장 좋은 라이벌이 가장 좋은 친구가 될 수 있었던 것이다. 말을 하지 않아도 통하는 유대감은 아이의 학창시절 토양을 풍부하게 만든다. 같은 고등학교나 대학에 가는 경우도 많아서 인연은 계속 이어졌다. 모든 아이가 시도한다고 영재원에 선발되는 것은 아니지만 가치 있는 경험임은 부인할 수 없는 사실이다.

영재란 어느 정도 수준일까?

–

수학이나 과학을 좋아하는 아이를 둔 엄마들은 대학 부설 영재원이나 교육청 영재원에 관심이 많다. 그러나 막상 내 아이가 영재에 속하는지 확신이 없다. 그러다 보니 영재원 준비를 할지 말지 하루에도 몇 번씩 생각을 뒤집는다.

영재란 과연 어떤 아이를 말하는 걸까? 렌쥴리(Joseph Renzulli)는 '영재란 평균 이상의 지적 능력을 갖춘 사람 중 높은 과제 집착력과 창의성 모두를 가진 사람'이라고 말한다. 영재란 세 고리의 교집합인데, 세 가지 고리는 지적 능력, 창의성, 과제 집착력을 말한다.

우리나라 영재교육진흥법에 따르면, 영재는 '재능이 뛰어난 사람으로 타고난 잠재력을 계발하기 위해 특별한 교육을 필요로 하는 자'라고 규정하고 있다. 미국 교육부 영재교육법에 따르면 '영재아와 재능아는 우수한 능력을 갖추고 있기 때문에 전문가들에 의하여 과제 수행 능력이 뛰어날 것으로 판별된 아동'이다.

영재 교육에 다들 힘을 쓰는 이유는, 이들이 가진 특별한 능력을 이왕이면 사회에 기여하도록 하기 위해서다. 그러기 위해서 이들을 일반 학교에서 일반 아이들을 위한 보편적인 프로그램에 가둘 수 없는 것이다. 보통의 아이를 위한 프로그램으로는 이들의 능력을 살릴 수 없으므로 다른 차별되는 프로그램과 서비스로 이들을 교육하려는 것이다.

과제 수행력이 뛰어난 아이들은 어떤 분야든 눈에 띄기 마련이다.

일반 지적 능력이든 특수한 학업 적성이든 생산적 사고력이든 지도력이든 시각예술 및 공연예술 분야든 체스나 바둑 게임 등의 두뇌 운동 분야든. 이런 다양한 분야에서 우수한 자질을 입증했거나 잠재력을 가지고 있는 사람이 바로 영재인 것이다.

내 아이가 이런 영재 그룹에 속하는지 궁금하다면 아이의 평소 활동 중 특기할 만한 말이나 행동을 기록해놓는 게 좋다. 수학, 과학을 좋아하고, 이들 과목에 관심이 있으며, 남다른 생각을 하는 아이라면 지금 당장 실력이 갖추어지지 않았더라도 아이의 잠재력을 키워줄 기회에 도전해야 한다.

자소서 준비, 아이의 사소함을 기록하라

대부분 영재원 선발 시 자기소개서를 쓰거나 학생 관찰자의 추천서가 필요한데, 아이의 평소 활동 중 특기할 만한 사항을 기재하게 되어 있다.

공부하다 힘들 때의 극복 사례, 자신의 특징 및 재능, 지원 동기, 앞으로 학업 계획 등 서너 개의 질문을 하고 학생들이 답을 적어야 한다. 이것은 베끼거나 컨설팅업체에서 알려주는 대로 써갈 수 없다. 경험이 우러나야 하기 때문이다. 어느 대학교 영재원 지원서에 쓴 학생의 지원서 일부이다.

제목 : 공부가 정말 하기 싫거나 어렵다고 느꼈을 때 극복 사례

(800 bytes 이내, 한글 약 400자)

전 어려운 문제를 풀 때는 끝까지 풀어내고 싶은 욕심이 더 생깁니다. 친구들이 공부하다 어려운 수학 문제를 카톡으로 물어보면 제가 끝까지 고민해서 해결해주기도 하고, 경시대회 문제 등은 몇 날 며칠 고민하며 풀기도 합니다. 또 공부가 하기 싫어질 때는 학습이 아닌 다른 활동을 하며 기분을 즐겁게 만듭니다. 제가 좋아하는 9×9 스도쿠, 마방진 문제를 풀기도 하고, 아빠랑 바둑을 두기도 합니다. 스도쿠, 마방진 문제를 끝내 해결했을 때, 바둑을 이겼을 때, 지더라도 새로운 전략을 배웠을 때 재미있고 기분이 좋아집니다. 또한, 예전에 제가 썼던 4권의 동화책을 읽어보거나 제 책 리뷰 유튜브 채널을 봅니다. 그러면 책을 읽고 싶어지고 간단하게라도 독후감을 쓰며 시간을 보내면 다시 숙제나 공부할 힘이 생깁니다.

사립중학교에 가거나 영재원 등을 준비할 때 자소서는 꼭 들어간다. 이때를 위해서 엄마는 일상에서 아이에 대해 느끼는 것을 기록으로 남겨두면 좋다. 어떻게 보면 기록할 당시에는 사소해 보이는 순간이지만 그 순간이 아이의 특징을 보여주는 의미 있는 순간이 될 수 있다. 그런 순간은 지원 동기를 쓸 때도 들어간다.

저는 일상생활에 숨겨진 수학, 과학 원리 찾아내기를 좋아합

니다. 다섯 살 때부터 바둑을 두며 정사각형 바닥 판 안에 있는 수많은 경우의 수에 흥미가 있었고, 작은 바둑판인 마방진 문제 풀기도 좋아합니다. 롤모델은 마방진을《구수략》에 적은 조선 시대 수학자 최석정으로, 전쟁 직후에도 일상생활에 편리하게끔 수학을 연구했기 때문입니다. 저도 현실적으로 도움이 되고 마방진을 즐긴 최석정처럼 즐겁게 수학을 하는 사람이 되고 싶어서 지원하게 되었습니다.

어떤 게임을 즐기고, 어떤 책을 읽고, 어떤 사람을 롤모델로 삼고, 어떤 문제들을 풀고, 어떤 생각을 했는지 등 다양하게 적을 수 있다. 문제는 의미 있는 경험이다. 엄마는 어떻게 경험이라는 물가로 아이를 데려갈 수 있을까?

호기심과 실행력은 짝꿍
-

대학이나 교육청 영재원에서 뽑으려고 하는 학생들은 뻔한 답을 내미는 학생이 아니다. 창의력과 끈기, 무엇보다 호기심을 가지고 있는 학생이다. 호기심이 많은 아이들은 평소에 말을 잘 하지 않고 무표정하더라도 자신이 좋아하는 것을 말할 때는 누구보다 생기발랄하고 적극적이며 호기심으로 충만하다.

만약 "나에게도 이런 재능이 있구나 하고 생각하게 된 계기나 경험,

사례 등을 세 가지 이내로 적어주세요"라는 질문을 받았다면 어떻게 답할 것인가? 평소에 호기심을 가지고 탐구해보지 않았다면 이 답변에 관해서 쓸 내용이 없을 것이다.

저는 궁금한 것은 끝까지 설명하는 끈기가 있습니다. 자판기에 잔돈이 어떤 원리로 떨어지는지 궁금해 여러 종류의 자판기에 지폐를 넣고 잔돈이 밑으로 떨어지는 것을 관찰하였습니다. 그 결과 잔돈의 종류가 떨어지는 가짓수의 최소화의 원리를 알아내었습니다.
정해진 답이 아닌 저만의 새로운 수학 만들기를 좋아합니다. 하켄의《4색 정리》책을 읽고 도전해보고 싶어서 이미 나온 모양이 아닌 저만의 모양을 그려서 수학 융합작품전에 참가해 창의성을 인정받았습니다.

이렇게 자신에 대해서 표현한 아이들의 공통점은 호기심을 가지고 실행했다는 것이다. 실행이 따라주지 않는 호기심은 공상으로 끝나지만, 실행이 따라주면 그것으로 인해 성장하게 된다. 그리고 이런 아이들이 잠재적 영재가 된다.
이런 아이들은 서로 프로젝트를 하기나 수입을 통해서 자신의 관심 분야나 개성을 드러낸다.

입체도형 이름을 들으면 바로 도형의 모양이 머릿속에서 떠오릅니다. 육각기둥의 모서리 개수를 구하려면 밑면 육각형 2개, 옆면 직사각형 6개로 총 모서리는 위에 6개, 옆에 6개, 밑에 6개로 총 18개가 그려집니다.
〈페르마의 밀실〉이란 영화 속에 양과 호박과 늑대를 배에 태워 강을 건너는 법이 나옵니다. 문제는 양과 호박, 양과 늑대가 둘만 있지 않도록 하여 농부가 하나씩 배를 타고 강을 건너는 방법을 찾는 문제였는데, 우리 반에서 가장 먼저 풀었습니다.

이들에게 하루하루는 얼마나 멋진 시간인가! 영재원을 준비한다고 하면 수많은 문제집을 풀어야만 한다고 생각하는 것에서 벗어나야 진짜로 의미 있는 경험을 하게 될 것이다.

영재학급 vs. 교육청 영재원 vs. 대학 부설 영재원의 장점과 단점

-

대부분 영재학급이나 영재원의 선발 인원은 20~60명 정도이다. 한 반의 수업 인원도 20명 내외다. '영재'라는 수식어가 붙더라도 영재학급, 교육청 영재원, 대학 부설 영재원은 그 영향력이 다르다. 어찌 되었건 이러한 곳에 적을 두게 되면 어떤 점이 좋을까?

첫째, 수학을 잘한다는 자신감과 자부심이 생긴다.

둘째, 수학을 좋아하는 비슷한 관심사를 가진 또래 친구들을 만나 이야기를 나눈다.

셋째, 영재학교나 과학고, 또는 이공계 진학에 대한 목표의식이 생긴다.

넷째, 수학을 더 잘할 수 있는 발판이 된다.

사실 그동안 자신이 잘한다고 우쭐대던 학생들은 자기와 비슷하게 잘하거나 더 뛰어난 학생이 있다는 사실에 자극을 받아 선의의 경쟁을 하게 된다.

그런데 영재학급과 교육청이나 대학 부설 영재원과는 차이가 있다. 학교에서 모집하는 단위 영재학급은 상대적으로 경쟁률이 약하다. 자기 학교 학생들만 응시하기 때문이다. 학교마다 학년별 인원수가 달라서 어떤 학교는 경쟁률이 높고 어떤 학교는 경쟁률이 낮아 쉽게 영재학급에 선발되기도 한다.

그래서 영재학급에 보내기보다는 사고력 수학학원이나 과학학원에 보내는 게 낫다는 엄마들도 있다. 학원 시간과 겹치다 보니 오히려 영재학급 수업을 포기하는 일도 있다. 실험보고서를 쓰거나 관찰보고서를 쓰는 것 또한 부담스러워하기도 한다. 실험이나 관찰 활동이 그다지 호기심을 자극하지 않은 것도 한몫한다. 일부러 영재학급을 1년만 진행하고 자기만의 스케줄대로 진행하는 사람들도 있다.

그러나 교육청 영재원이나 대학 부설 영재원은 상황이 다르다. 이곳에 합격하기는 쉬운 일이 아니다. 특히 대학 부설 영재원은 경쟁이

치열하다.

그렇다 해도 시험에는 항상 의외의 변수가 발생한다. 정말 실력 있는 학생이 떨어지기도 하고, 평소 그리 두드러지지 않던 친구가 합격하기도 한다. 합격했다면 우수한 아이임이 입증된 경우지만 불합격했다고 실력이 모자란 것은 결코 아니라는 말이다.

막상 영재원에 선발이 되어 수업이 시작되면 또 다른 고민거리가 기다리고 있다. 선발된 학생들의 실력 격차가 첫 번째 문제점이다. 아주 우수한 아이들의 경우 영재학급이나 영재원에서 다루는 내용이 쉽다는 느낌을 받을 수 있다. 반대의 경우는 아이가 '좌절 모드'로 들어갈 수도 있다. 다음 해에 심화 과정으로 진급할지 1년 수료로 끝낼지를 고민하게 된다. 경우에 따라서 전략적으로 영재학급이나 영재원에 도전하지 않고 자신만의 스케줄대로 수학 공부를 진행하는 엄마들도 있다. 꼭 합격할 거라 믿었지만 불합격한 친구들은 상심하지 말고 자기 점검할 기회로 삼는 게 좋다.

성적 관리보다 더 중요한 멘탈 관리

영재원에 선발되면 수학, 과학을 잘한다는 자신감이 생기고 기쁨도 크지만 선발되지 않은 아이들은 그때부터 고민에 빠지게 된다. 수학을 꽤 잘하고 준비도 나름 열심히 했는데 결과가 좋지 않다면 엄마나 아이 모두 의기소침해진다. 겉으로는 괜찮다고 해도 정말로 괜찮아질 때까지 시간이 걸린다.

이때 중요한 것은 엄마가 이 상황을 어떻게 받아들이고 아이와 대화하느냐이다. 선발된 아이에게는 그간의 노력에 대한 칭찬을 해주고 선발은 최종의 결과가 아닌 과정의 또 다른 시작이라는 점을 이야기한다. 공부의 가장 큰 적은 '내 안에 있는 교만한 마음'이다.

보통 아이들은 시험을 한 번 잘 치고 나면 한 번은 잘 못 친다. 잘 친 다음에 또 잘 치는 경우는 참으로 드물다. 못 친 아이들은 잘 쳐야 하는 간절함이 있어서 다음에는 집중력을 가지고 노력한다. 그러나 잘 친 아이들 마음에 독버섯처럼 자라는 교만한 마음은 아무리 잘라 내도 꿈틀거린다.

큰 시험 경험이 없는 초등학생들은 이런 경향이 더욱 심하다. 시험을 치기 전, 혹은 시험 중에 변수가 생길 수도 있다. 역설적이게도 변수야말로 일반적인 상황이다. 그래서 시험에서 가장 중요한 것은 성적이 아닌 멘탈을 관리해주는 것이다.

특히나 선발된 학생이든 선발되지 않은 학생이든 큰 시험을 치고 나면 엄마들은 멘탈 관리를 해야 한다. 선발되지 않은 경우, 엄마의 어깨가 당장은 조금 더 무겁다. 영재원 입시를 준비하는 과정에서 아이의 성실성을 인정해주고 다음 도약을 위한 겸손함을 배우는 계기라고 격려해주도록 한다. 개구리가 도약을 위해서 움츠리는 과정이 필요하듯 아이들에게도 도약을 위한 실패는 늘 값진 경험이다.

시험 앞에서는 잘하는 아이들도 기복이 있기 마련이다. 특히 KMO 경시나 시도 경시대회 같은 경우, 한 번의 기회로 1년을 평가하기 때문에 결과가 좋지 않으면 자칫 좌절하기 쉽다.

우리집 큰아이 용균이는 고3 때 국제수학올림피아드 대표 선발에서 최종 대표 6인에 들지 못하고 예비 후보에 그쳤다. 어찌 보면 청소년기 전체를 바쳤지만 실패한 것이다. 그러나 용균이는 평소에 한 멘탈 관리 덕분인지 의연하게 받아들여서 나를 감동시켰다. 중요하게 생각한 시험일수록 떨어졌을 때 충격이 크다. 이때 좌절하지 않고 우뚝 서야 한다. 중요한 시험은 앞으로 더욱더 많을 것이기 때문이다.

최상위 고학년 엄마를 위한 조언

전국에 있는 영재학교는 서울과학고등학교를 포함하여 8개 학교로 선발인원은 총 789명이다. 여기에 학교별 정원 외 5~10%의 인원을 선발할 수 있다. 영재학교 입시는 학교별로 매년 조금씩 바뀌기 때문에, 관심이 있는 학생들은 초등학교 고학년 때부터 지원하고 싶은 학교의 입시요강을 꾸준히 알아볼 필요가 있다.

최근에 바뀐 입시제도는 영재학교 간 중복지원을 금지한 것이다. 과거에는 영재학교별로 입시 일자가 달라서 여러 곳에 중복지원 및 중복합격이 가능했지만 이제 중복지원이 금지되었다. 또 영재학교에서 의약학 계열 지원자에 대한 불이익이 강화되었다. 따라서 미리미리 변화되는 입시제도를 업데이트해야 한다.

가능하다면 아이의 2~3년 정도의 선배 중 아이와 성향이 같은 학생의 학습 조언을 받는 것이 좋다. 살아 있는 정보를 얻을 수 있을 뿐 아니라 단기적이고 세부적인 목표 설정을 하는 데 가장 도움이 되기 때문이다.

이때 흔들리지 말아야 할 것은 "최소한 6학년 졸업할 때까지 중3 수학 심화 과정까지는 마스터해라!" 따위의 말이다. 초등학교 6학년 졸업 시까지 많은 학생이 그 정도의 진도를 나간다는 의미이지, 진도가 거기에 미치지 못하면 실패하니 도전도 말라는 논리는 위험하다는 것이다.

다만 가장 중요한 것은 어느 과정에서나 선행 시 심화학습이 없는 선행은 의미가 없다는 점이다. 최고나 최상 이런 이름이 들어 있는 심화 교재는 반드시 풀어야 한다. 더 실력을 쌓기 원한다면, '영재'나 '경시'라는 제목이 들어 있는 교재까지 풀어본다면 많은 도움이 된다.

영재학교 입시를 준비하기 위해서는 중학교 때 사실상 수학, 과학 내신 준비에 거의 올인하다시피 하므로 영어의 경우 초등학교 졸업할 때까지 목표를 미리 설정하고 준비해야 한다.

간혹 중학교 때 수학경시나 영재학교 준비반에서 공부하는 친구 중에는 영재학교가 목표가 아닌 친구들도 있다. 이 친구들은 의약학 계열 진학을 목표로 하거나 일반고의 상위권을 노려 대학 수시입학을 전략적으로 준비하기 위해 가장 중요한 수학을 집중적으로 다져놓으려는 것이다. 이런 의미로 보면 영재학교 진학을 목표로 하다가 원하는 대로 진학을 못했다 해도 절대 실패라고 볼 수는 없다.

영재학교 진학에 실패하면 과학고 입시에 도전해 이공계나 카이스트 진학을 노려볼 수도 있다. 고등학교 과정에서는 수학 진도를 나가거나 실력을 쌓는 데 시간이 많이 들기 때문에 수학을 어느 정도 잡아놓으면 다른 공부를 할 시간이 확보된다. 영재고나 과학고를 준비하다 실패하더라도 손해는 없다는 말이다. 어차피 해야 할 공부를 선행한 게 아니라 깊이 했을 뿐이다.

피해가야 할 경시의 함정
-

공부는 더 열심히 한다고 손해 보지는 않는다. 그러나 공부가 아닌 잿밥에 눈이 멀면 손해가 난다. 간혹 초등학교 1, 2학년 아이들을 경시대회 준비한다며 진도 선행에 경시대회 문제 풀이까지 '빡세게' 시키는 엄마들이 있다. 이 엄마들의 욕심은 '고학년이 될수록 경시문제가 어려워지니 저학년에 경시를 바짝 시키면 전국대회에서 큰상을 받지 않을까? 그리고 상을 받으면 아이가 자신감도 생기지 않을까? 이왕이면 성공하는 경험도 주고 싶다'고 생각한다.

그러나 경시를 시켜본 입장에서 이것은 별로 좋은 방법이 아니다. 아이가 엄마의 전략대로 금상을 받았다고 해보자. 이 아이는 다음 해에 또 시험을 보아 금상을 받으면 본전이다. 대상을 받으면 좋겠지만 그리 쉽지 않다. 만약 은상 이하로 상의 급이 떨어지면 위축되기 마련이다. 아이는 실력이 떨어졌다고 생각하게 된다. 설사 실력이 늘었더라도 등수가 떨어져 나보다 잘하는 아이들이 많다고 생각하면 불안해지고 쫓기게 된다.

비록 지금 그리 잘하진 않아도 상향곡선을 그리며 갈수록 잘하는 편이 나을까, 처음에 바짝 잘 시켜서 정점에 올라간 다음 하향 곡선을 그리면서 점점 미끄러져 가는 실력을 확인하는 게 나을까? 중요한 건 눈앞의 상이 아니라 미래의 실력이다.

"초등학교 때 점수 다 필요 없다!"는 말은 이런 이유와 비슷한 맥락이다. 상급 학교로 갈수록 점점 잘하는 아이로 상승곡선을 타게 만드는 것이 더 신나고 아이도 탄력을 받게 된다. 물론 초등학교 때부터 줄곧 끝까지 잘하는 아이들도 있다. 그런 아이들은 자신의 위치를 고수하기 위해 엄청난 노력을 하고 스트레스 또한 많다.

로드맵의 시작점은 바로 의대, 영재학교가 아닌 '아이'가 그 중심에 있어야만 흔들리지 않고 끝까지 갈 수 있다.

대치동 스파르타식 학원에 현혹되지 마라

대치동은 사교육의 1번지로 대치동에서 시작하면 전국적으로 유행을 한다. 몇 년 전부터는 영재학교반에 이어 의대반 학원이 바람몰이를 하고 있다. 저학년 때부터 스파르타식 교육을 해서 의대에 가도록 관리하겠다는 것이다. 초등학교 때부터 의대반에 갈 수 있게 만든다는 발상으로 초등학생 엄마들을 초초함으로 내몬다. 의대에 가기까지 얼마나 많은 변수를 통과해야 하는지 안다면 이런 슬로건은 내걸지 못할 것이다. 초등학교 1학년 때의 1등이 초등학교 6년, 그리고 중학교 3년, 고등학교 3년 동안, 그러니까 12년 동안 계속 1등일 수 있을까?

그런 학원에서는 수학뿐 아니라 국어, 영어, 과학 수업은 물론 수행평가까지 관리하며 맞춤형 컨설팅까지 제공한다고 말하고 있다. 그러나 몇 년 전부터 영재학교와 과학고에서 의대 진학이 금지되는 등 입시정책이 바뀌었다. 앞으로도 입시정책은 계속 바뀔 것이다.

사실, 어느 학과 어느 직업군에서도 수학적 사고력, 논리력, 공간지각력, 추상화 능력 등은 반드시 필요하다. 의대, 이공계뿐 아니라 인문계, 심지어 예체능 쪽에서도 상위권 대학에 진학하기 위해서는 이러한 능력이 필요하고, 그렇기 때문에 수학의 성적이 큰 몫을 차지하는 게 현실이다.

그러다 보니 어릴 적부터 수학적 환경에 가급적 많이 노출시켜 수학을 잘할 수 있게 해주어야 한다. 하지만 수학 문제를 많이 푸는 것만이 수학적 환경에 노출되는 것이 아니다. 수학적 환경이란 스스로 생각하고 곱씹어서 문제를 파악하고, 문제를 해결하기 위해 다양하고 깊이 있는 사고를 하는 생각하는 힘을 키우는 것이다. 그런데 스파르타식 학원에서 무한대로 풀어대는 문제로 과연 이런 힘이 길러질까?

어릴 때부터 '엘리트 만들기'라는 목표를 설정하고 거기에 따른 세부목표를 계획해서 실천해 결국 뜻을 이루는 경우도 있다. 이른 시기부터 아이의 재능을 알아보고 목표를 설정하여 실력을 연마해 김연아 선수나 손흥민 선수처럼 엘리트 선수를 만들기도 한다.

그런데 공부는 왜 자질보다 노력이라고 생각할까? 다른 운동이나 예술보다는 노력으로 성공하는 경우도 많긴 하지만 아이의 역량을 무시한 무리하고 과도한 진도 선행 및 반복 학습이 과연 얼마나 효과적일까? 진도 선행의 득과 실은 점검하지 않으면 안 된다. 조금 천천히 가더라도 아이의 능력에 맞게 나아가다 보면, 나이가 주는 이해력과 지혜를 지렛대로 이용하여 힘을 덜 들이고도 원하는 결과를 얻을 수 있기 때문이다.

5
사고력학원
이용 백과

사고력학원 고르는 다섯 가지 기준

사고력이란 생각하는 힘이다. 생각하는 힘을 기르는 공부는 집에서 엄마의 힘만으로는 곤란할 때가 있다. 다양한 분야가 융합된 경우도 있고 함께 친구들과 공부를 하면서 다양한 문제를 해결하는 과정도 필요하기 때문이다. 선생님을 통해서도 배우지만 친구를 통해서도 배운다.

믿을 만한 사고력학원이 이런 측면에서 많은 도움을 준다. 모둠 수업, 발표 수업, 토론 수업 등 학교에서 하지 못했던 수업 형식에, 다양한 답이 나올 수 있는 개방형 문제들을 풀면서 논리적 사고력을 기르게 한다. 게다가 집단지성으로 풀어가는 방법까지 키우다 보니 여유가 있다면 도전해볼 만하다.

그러나 사고력학원을 고를 때는 몇 가지 따져봐야 할 사항이 있다.

첫째, 교구가 적절히 사용되는가? 교구를 사용하는 건 좋은데 교구를 이용해 만들어보고 눈으로 확인해보면서 추상화 능력을 끌어낼 수 있어야 한다. 이는 문제해결력을 기르는 수업을 할 때 손가락셈을 하는 아이와 같다. 손가락으로 덧셈을 하는 아이가 암산을 하기까지 많은 과정과 시간이 필요한 것처럼, 교구는 추상화 단계로 가는 다리 역할을 한다. 시간이 오래 지나도 손가락이 없으면 계산을 못하는 아이들을 보면서 염려하는 이유는, 추상화 단계로 한 발짝도 나가지 못해서다. 단순히 도구를 이용하는 것이 아니라 도구를 이용해서 한발 높이뛰기를 해야 한다. 따라서 도구가 있고 없고가 중요한 게 아니라 도구를 얼마나 적절하게 이용하느냐가 더 중요하다.

교구 사용하여 해보기→교구 없이 예상해보기→교구로 직접 해보고 예상한 것과 비교하기→피드백→다시 예상해보기. 이 순서대로 생각의 연쇄반응이 일어난다.

둘째, 또래집단의 수준이 알맞게 편성되어 있는지를 보는 게 필요하다. 비슷한 아이들끼리 구성되어 있다 하더라도 아이마다 영역별 재능이 다르므로 수업마다 조금씩 차이가 나기 마련이다. 월등히 뛰어난 아이가 있는 경우, 그 아이는 수업에 자극이 없어 재미없어하고, 다른 아이들보다 이해력이나 소화하는 속도가 느린 아이라면 매시간 좌절을 겪게 된다. 이 두 경우 모두 오히려 역효과가 나타난다.

셋째, 수업을 할 때 선생님 주도 학습인지 아이들이 이끌어가는 수업인지 살펴봐야 한다.

사고력 수업은 "WHY?", "HOW?" 두 개의 질문이 중요하다. 선생님이 이건 이렇고, 저건 저렇다라고 이끌어주는 수업은 또다시 주입식 수업이 되는 것이다. 가장 경계해야 하는 것이 바로 이러한 수동적 수업이다.

사고력 수업은 아이가 주도적이고 적극적으로 수업에 임하는 게 중요하다. 이때 틀리는 것에 대한 부담감을 없애주는 것이야말로 자기 주도적 학습의 중요한 요소라 할 수 있다. 수없이 많은 시행착오를 겪을수록 많은 경험이 쌓인다. 실수를 통해 배우는 것이다. 실수의 경험을 바탕으로 다른 문제를 해결할 때 직관력이 생긴다. 안 되는 다양한 방법들을 버리는 과정에서 문제에 접근하는 방법이 보이기 시작하는 것이다.

넷째, 사고력 교재가 재미있게 구성되어 있는지 여부다. 주제가 아이들의 흥미를 끌어야 하고, 아이들이 전략을 찾는 과정에서 성취감을 맛볼 수 있어야 하며, 다시 도전하고 싶은 마음이 들어야 한다. 흥미 없는 주제를 던져준다면 누가 하려고 하겠는가.

다섯째, 수학과 과학, 건축과 수학, 미술과 수학, 음악과 수학 등의 융합적 사고를 유도하는지 여부다. 추론이나 전략 찾기 등 일상생활이나 전문적인 분야에서 수학이 어떻게 활용되는지, 정교하게 연결되어 있는지를 살펴보아야 한다. 경우에 따라서는 사고력이라는 이름만 걸고 고학년이나 중학교에 가면 배울 내용을 미리 선행 혹은 심화하는 정도의 커리큘럼으로 되어 있는 경우도 있기 때문이다.

유명한 사고력학원 비교하기

—

사고력학원마다 이용 학생층, 교재, 수업 방식 등에 서로 차이점이 있다. 교과형 수업을 하는 학원은 교재나 수업 방식의 차이점을 쉽게 비교해볼 수 있지만 사고력학원은 다양한 교재의 구성을 파악하기도 어렵고, 수업 방법도 차이가 있으며 학원에서 설명하는 수업 방식이 제대로 실행되는지도 알기가 어렵다. 같은 브랜드 학원도 지역에 따라 운영 방식이 다를 수 있고, 가르치는 선생님에 따라서도 색깔이 달라질 수 있어 선택이 쉽지 않다. 사고력학원으로 알려진 몇 곳을 비교해보면서 큰 틀에서 브랜드별 특징이 어떻게 다른지 살펴보자.

'소마'는 주로 6세부터 초등 저학년까지 많이 다닌다. 수학을 영역별로 나눠 교구와 게임 등의 활동 중심으로 수업을 한다. 1학년의 경우 프리미어반을 운영하는데, 이 반은 이름대로 최상위권 아이들을 위한 반이다. 이 반에서는 초등 과정의 경시를 대비하는 수업을 별도로 진행하기도 한다. 어린아이들이 주 대상이지만 학습량과 과제는 상당히 많은 편이다.

'씨매스'는 《영재사고력 수학 1031》 교재로 유명한 곳이다. 출발이 문제집 만드는 회사이며 문제 풀이 형태의 사고력 색채를 띠고 있다. 다양한 교구학습을 통해 사고력을 배양하는 활농 수학, 교과과정을 반영한 액티브 활동 수학, 영재원 등을 목표로 하는 우수한 학생 선발을 위한 기프티드반을 운영하고 있다. 기프티드반에 들어가면 수업량이 늘어난다.

'와이즈만'은 과학 실험이나 탐구 수업으로 유명한 곳이다. 이곳의 사고력 수학은 융합형 수업이다. 레벨테스트에 의해 CT, GT, WMO반으로 나누어지며, 레벨별 교재가 다르다. 도형, 연산 등 영역별로 주제를 한 달씩 다루는 게 특징이다. CT 수업을 진행하다 GT 수업으로 월반하기도 한다.

'CMS'는 영역별, 주제별 사고력 수업을 균형 있게 구성하고 있다. 매주 다른 영역의 주제를 다루며 3개월에 한 과정씩 진행한다. 주제 탐구, 토론 및 융합형 주제를 다루고, 게임이나 전략 찾기 등 창의적 사고력을 키우는 데 초점이 맞추어져 있다. CMS 하면 국제수학올림피아드 등 경시와 영재학교, 과학고 입시에 강하다고 알려져 있다. 레벨별 수업이 이루어지고 있으며, 레벨이 낮은 학생도 출발점은 다르지만 높은 레벨의 학생들과 같은 교재로 시간 차를 두고 학습을 진행한다.

학원 레벨테스트 해야 할 때, 말아야 할 때

집에서 엄마표로 공부를 하는 아이건, 다른 학원을 보내는 아이건, 대부분 시스템이 잘 갖춰진 학원에서 평가를 받아보고 싶어 한다. 아이를 그 학원에 보낼 목적이 아니어도 대략 어느 정도 수준이 되는지, 또는 전문가의 상담을 받아보고 싶어서 테스트를 주기적으로 보는 경우가 있다.

레벨테스트는 두 얼굴을 가지고 있다. 잘 이용하면 좋지만 잘못 이용하면 독사과나 다를 바 없다. 레벨테스트를 볼 때는 타이밍이 중요하다. 필요한 경우 6개월에 한번씩 테스트를 볼 수도 있지만 무조건 6개월마다 이곳저곳에서 레벨테스트를 보게 하는 것은 좋지 않다. 이런 식의 행동은 심하게 말하면 아동학대다.

레벨테스트는 그동안 엄마표로 충분히 노력했으니 노력의 성과를 가시적으로 한번 확인해보거나, 기존에 다니던 학원에서 다른 성격의 학원으로 옮기려고 할 때 반 배정을 위해 테스트를 보는 경우로 나눌 수 있다.

테스트를 보러 갈 때는 평가 시간과 상담까지 시간 여유를 가지고 가야 한다. 아이의 컨디션이 최상은 아니더라도 안 좋을 때는 피하는 게 좋다. 평가의 결과에 컨디션을 고려해주지 않기 때문이다. 또 반드시 아이에게 어떤 목적으로 어떤 테스트를 보는지를 충분히 설명하고 이해시키고 보게 한다. 아이의 의사를 무시한 채 시험을 보라고 강요하면, 아이 마음도 상하고 시험 결과도 좋지 않을 뿐 아니라 심하게는 도중에 시험을 거부하기도 한다. 또 테스트에 대한 부담감을 잔뜩 주어 긴장하게 하는 것도 좋은 방법이 아니다. "친구 ○○는 높은 레벨이 나왔는데 너도 시험 잘 봐서 같은 레벨 나오면 보내줄게" 하는 식은 바람직하지 않다. 또 친한 친구와 같이 테스트를 보러 가는 경우가 있는데 테스트는 가급적 혼자 가서 보는 게 낫다. 산만한 아이들은 친구랑 같이 가는 순간 마음이 들뜨기 시작하기 때문이다. 쇼핑이나 여행을 앞두고 테스트 보는 것도 삼가는 게 좋다.

레벨테스트의 결과는 아이의 현재 실력이 몇 개로 나눠진 등급에서 어느 정도에 있다는 것 이상도 이하도 아니다. 대형 학원의 테스트는 그 학원 수업을 위한 반편성고사로 정말 중요한 것은 현재 받은 레벨의 수업이 아이에게 적합한지다.

엄마들 중에는 다른 곳에서 수업 받으면서 이곳에 다니는 아이들과 비교하면 어느 정도나 될까 가늠하기 위해 테스트를 보게 하는 엄마도 있다. 이때 아이는 당연히 레벨테스트에 압박감을 느낀다.

레벨 배정이 맘에 안 드는 것은 엄마의 자존심과 관련이 있다. 친구와 같은 학원 같은 반에서 수업했는데, 우리 아이가 레벨이 더 낮게 나왔다면? 엄마는 자존심이 상하고 테스트가 잘못됐을 거란 생각을 굽히지 않는다.

이런 이유로 레벨테스트를 본다면, 앞에서 말한 딱 두 가지 이유일 때만 보고 참고하는 것이 좋다.

학원에 보냈다면 세 가지만 체크하라!

엄마들은 좋은 학원 정보에 민감하다. 좋은 학원에 보내놓으면 안심이 된다는 이유에서다. 그러나 학원은 결코 아이에게 필요한 것을 다 해주지 않는다. 과외도 마찬가지다. 좋은 선생님을 구해주었으므로 아무것도 안 해도 된다는 방임적 태도는 위험하다.

좋은 학원을 고르는 것과 내 아이에게 맞는 학원을 고르는 것 못지 않게 중요한 것은, 내 아이가 학원에 다닐 마음의 준비가 되어 있는가 이다. 학원에 가야 할 타이밍은 학원에 가서 집중하고 잘 배워올 자세나 태도가 되어 있을 때다. 공부하는 장소인지 집인지 구분을 못하고 본인에게 필요한 학습을 할 자세도 안 되어 있다면 보내지 말아야 한다. 다른 친구에게 방해를 주는 행동을 할 수도 있기 때문이다.

처음 학원에 다니면 아이들은 설렘과 두려움을 모두 느낀다. 새로운 친구를 만나서 즐겁기도 하지만 잘할 수 있을지 불안감이 드는 것도 사실이다. 만약 아이를 처음 학원에 맡겼다면 엄마는 무엇을 해야 할까?

첫 번째는 학원 선생님과 신뢰를 쌓는 일이다. 아이와 선생님, 엄마와 선생님의 신뢰 관계가 중요하다. 이 신뢰 관계에서 아이의 모든 학습 상담이 가능하다. 엄마와 선생님은 아이를 잘 기르기 위한 협력관계에 있다. 선생님의 관찰과 조언이 아이를 더 성장시킬 수 있고, 엄마의 고민에 대한 해결방안이 되기도 한다.

두 번째는 아이가 학원 학습에 잘 적응하는지, 학습의 난이도는 적당한지를 파악하는 것이다. 때로는 너무 쉽다고 해서 때로는 너무 어렵다고 해서 고민할 수 있다. 아이들의 이야기만 듣고 판단하는 일은 신중해야 한다. 아이들은 수업 일부만 가지고 판단할 수 있기 때문이다.

셋째는 과제를 잘 해가는지 체크하는 것이다. "숙제했니?"라는 질문만으로는 아이의 숙제 관리가 잘 안 된다. 반드시 엄마의 눈으로 확인해야 한다. 가끔 어려워서 못 푸는 문제가 있다면 엄마가 힌트를 주거나 문맥 파악을 도와 풀게 할 수는 있지만, 엄마가 꼭 같이 풀어줄 필요는 없다. 선생님께 숙제가 어렵다고 메모를 해서 보내도 된다. 숙제가 밀리면 아이들은 학원에 가기 싫어진다. 스스로 해야 할 일을 안 한 것에 대한 부담감과 선생님의 잔소리가 듣기 싫기 때문이다.

선의의 경쟁자 만들기

"공부 잘하는 친구가 좋을까, 조금 못하는 친구가 좋을까?"

엄마들은 아이를 학원에 보내면서 친구 걱정도 같이 한다. 대부분 엄마는 자신의 아이가 공부도 더 잘하고 인성도 좋은 친구와 어울리기를 희망한다.

"우리 아이는 자기보다 더 공부를 잘하는 아이와 있으면 맞수 의식이 생겨서 더 열심히 하는 편이에요. 지금 레벨보다 한 단계 높은 레벨로 배정해줄 수 있나요?" 이렇게 말하는 엄마들이 꽤 있다. 그러나 엄마가 알아야 할 게 있다. 아이들은 다른 친구들은 다 이해했는데 혼자서만 무슨 말인지 못 알아듣는 상황이 반복되면 자신감이 떨어진다는 사실을!

'나는 아무리 노력해도 어차피 다른 친구들보다 못하는데, 뭘…….'

이렇게 자존감이 바닥에 떨어져서 자포자기하기도 한다. 자신보다 공부를 잘하는 친구가 반에서 한두 명 정도 있으면 선의의 경쟁을 통해 서로 발전할 수 있지만, 그 반에서 꼴찌를 할 경우는 사정이 다르다. 또 반대로 우리 아이가 그 반에서 가장 잘하는 아이라면 아이는 긴장감이 떨어져 노력을 게을리할 수 있다. 노력을 게을리해서 답보 상태가 계속된다면 1등 엄마는 학원을 옮기는 것도 방법이다.

최소한의 긴장감을 유지하면서 친구들과 선의의 경쟁이 가능한 상태가 가장 이상적이다. 몇 명의 친구들과 계속 수업을 진행하는 것보다 3개월마다 레벨테스트를 통해 새로운 아이들이 유입되는 것이 이러한 긴장감을 지속시키는 효과가 있다.

레벨테스트 결과는 지금부터 학습 전략을 어떻게 세울지에 대한 출발점이다. 레벨이 잘 나왔다고 교만해서도 안 되고, 레벨이 낮다고 좌절할 필요도 없다. 그리고 욕심을 부릴 필요는 더욱 없다.

Part 6

케이스별
수학 처방전

초등학생이 수학을 못한다는 것은 단순히 해답을 도출하지 못한다는 것이 아니다. 이 때는 실력을 쌓는 것 자체가 아이들 혼자만의 힘으로 되는 것도 아니다. 이인삼각 경기처럼 엄마와 아이가 다리를 묶고 함께 목적지를 향해서 달려가야 한다. 다양한 이유로 수학을 못 하는 아이들을 위하여, 그리고 엄마들의 수학적 이해를 높이기 위하여 솔루션을 제공한다.

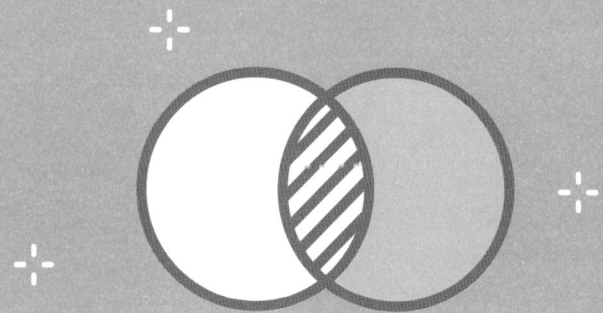

1
이야기책에 빠져 계산력이 부족한 아이

3학년 때부터 드러난 부족한 계산력 어떻게 키울까?

재현이는 어려서부터 이야기책을 읽어주면 정말 좋아했다. 말을 하면서부터는 어휘력도 남달랐다. 엄마가 매일 책을 많이 읽어주다 보니 한글도 빨리 깨우쳐, 금방 책을 읽고 초등학교에 입학하기도 전에 동시를 쓰기도 하고, 그림일기를 쓰면 재미있는 이야기책처럼 시리즈로 쓰기도 했다. 초등학교 3, 4학년에는 아침에 일어나면 책을 읽느라 세수하는 것도 밥 먹는 것도 잊어버릴 정도로 책만 읽다가 학교에 지각할 정도였다.

이렇게 언어적으로 뛰어나고 책을 좋아하는 재현이에게 수학은 딴 세상 이야기였다. 7세부터 학습지를 시켰지만, 마지못해 겨우겨우 숙제만 하는 정도였다. 그래도 밀리지는 않고 몇 년 동안 학습지를 시켰다. 문제는 3학년에서 발생했다. 계산력을 3년이나 시켰는데도 계산 문제에서 틀리고 학교 시험 점수가 갈수록 떨어지기 시작하는 것이었다.

드물기는 하지만 재현이처럼 초등학교 때부터 문과적 성향이 두드러지게 나타나 이과적 사고에 영향을 주고, 이런 이유로 수학 학습에 애를 먹는 경우가 있다. 재현이에게 수학은 이야기가 없어 너무 재미없는 과목이었던 것이다. 게다가 재현이의 또 다른 문제는 너무 속도가 느리다는 것이었다. 계산력 문제를 푸는 속도만 느린 게 아니라, 행동이 느리며 움직임이 별로 없었다. 그러다 자기만의 세계에 빠지면 헤어 나올 줄 몰랐다.

재현이에게 급한 것은 계산력을 키우는 것인데, 문제는 타이밍이었다. 관심이 전혀 없는 것을 억지로 시켜야 하는데, 언제 어떤 방법으로 시킬 것인가?

생각 셈이 많은 스토리텔링형 문제 풀기

이런 아이들은 공부를 시킬 타이밍과 공부를 시킬 방법 두 가지 모두 고려해야 한다. 책을 읽으면서 자기만의 세계에 빠지기 전에 수학 공부를 하는 게 낫다. 학교를 다녀온 직후나 식사 후에 바로 시키는 것이 좋다. 한편으로는 재현이에게 스도쿠나 퍼즐 등으로 게임을 유도

하고 이어서 계산력 문제집이나 수학 문제집을 풀게 하는 것도 방법이다. 계산력 문제집도 단순 반복 문제만 있는 것보다는 생각 셈을 할 수 있도록 다양한 패턴이 있는 문제집을 추천했다. 또 스토리텔링형 문제가 많은 문제집을 풀게 하고, 스토리텔링 문제에서 스토리에 몰입할 경우, 어디가 문제이고 어디가 문제 외적인 요소인지 파악하지 못할 것을 대비해, 문제에 밑줄을 그은 다음 풀도록 했다.

재현이가 문제를 틀리면, 자신의 스타일대로 문제를 바꾸어보라고 했다. 재현이는 상상력을 발휘해 문제를 고쳐놓았다. 그리고 그 고친 문제를 잘 풀었다. 또 간단한 수학 동화책을 만들어보게 하고, 필요한 정보를 엄마랑 같이 찾아보면서 점점 수학에 흥미를 갖도록 했다.

수학에 조금씩 흥미를 갖게 하면서 계산력 문제는 시간을 재서 풀게 했다. 일주일 단위로 목표 시간을 1~2분씩 단축하기로 약속해 느린 습관을 잡아나가게 했다. 원래 행동이 느린 아이들은 단기간에 드라마틱하게 행동이 변하지 않는다. 엄마가 인내를 갖고 기다리면서 조금씩 변화된 모습을 칭찬하며 격려해줘야 한다.

2

진도만 나갔지
실력이 쌓이지 않는 아이

단원평가는 실력평가가 아니다
-

진호는 2학년 남학생으로 엄마와 함께 3학년 1학기 응용 문제집까지 진도를 미리 빼놓았다고 했다. 학교의 단원평가 점수는 좋은 편이어서 엄마는 내심 기대를 하고 사고력학원의 테스트를 보았다.

결과는 충격 자체였다. 진호는 교과형 문제 20문제 중 9문제를 맞혔고 사고력 문제도 60점 만점에 8점일 정도로 낮았다. 기본 레벨 수강도 불가능한 점수를 받은 것이다.

진호는 그동안 엄마와 함께 공부하고 있었다. 학교의 단원평가는 학원 레벨테스트와는 달리 잘 나왔다. 왜 같은 교과형 평가인데 학교의 평가는 잘 나오고, 학원의 평가는 잘 나오지 않을까?

학교의 단원평가는 그 단원을 얼마나 이해했는지를 알아보는 성취도 개념의 쉬운 평가이고 학원의 평가는 레벨을 나누기 위한 변별력이 있는 평가이기 때문이다.

진호는 조금이라도 어려운 문제가 있으면 별표를 쳤다. 그러면 엄마가 다시 개념을 설명하고 풀게 했다. 스토리텔링형 문제를 풀 때면 문제를 꼼꼼히 읽지 않아 뺄셈해야 할 문제를 덧셈해서 틀린다. 틀려서 다시 하라고 하면 다시 뺄셈을 해서 정답을 맞힌다. 조금 더 문제가 복잡한 형태면 두어 번 틀린다. 그리고 그제야 꼼꼼히 읽고 문제를 푼다. 그러나 과연 이때도 꼼꼼히 읽었는지는 알 수 없다. 이미 여러 번 시도해볼 수 있는 경우의 수는 다 시도해서 틀렸으므로! 이런 '틀리면 다시 풀어보기' 패턴은 스스로 생각해서 문제를 푸는 것과는 거리가 멀다. 시험은 엄마처럼 틀리면 다시 풀라고 기다려주지 않는다.

기본 편만 푼 선행학습의 효과는 '0'
-

엄마나 아이 모두 문제집을 한두 권을 풀면 그 학기의 단원에 대해서는 다 안다고 착각한다. 예를 들면, 칠교판을 이용한 도형 문제는 쉬운 문제부터 난이도가 아주 높은 문제까지 있다. 그런데 테스트나 문제집에서 칠교를 이용한 문제가 나오면 "이거 우리 아이가 풀 수 있는 문제예요"라고 말한다.

무엇보다 진호의 테스트 결과가 좋지 않은 가장 큰 원인은 섣부른 선행학습이었다. 선행할 때는 반드시 자기 학년의 심화 문제집을 병행해야 한다. 2학년 1학기 학생이라면 2-1 응용 문제집과 심화 문제집, 2-2 기본 문제집을 푸는 것이 좋다. 아주 수학적인 감각이 좋은 아이는 2-1 응용이 끝나고 2-1 심화와 2-2 기본 또는 응용을 함께 진행해도 무방하다. 진호의 경우 기본편 정도의 교재로 2-1, 2-2, 3-1을 진행했던 것이다. 진호 같은 경우를 두고 선행을 미리 한다고 해도 의미가 없다고 말할 수 있다. 진호는 3-1 선행을 중단하고 2-1 응용부터 다시 풀게 해야 한다.

혼자서 풀어보고 일주일 뒤에 다시 풀기

진호의 경우, 혼자서 문제를 풀고 고치는 훈련을 해야 한다. 또, 일주일에 한 번 20문제씩 매주 테스트를 보도록 한다. 이때 상품을 걸어서 진호의 의욕을 높이도록 한다. 주말마다 보는 테스트에서 점수가 잘 나오기 시작하면 《최상위문제 S》 문제집으로 하루에 1~2문제를 풀기 시작한다. 어떤 경우든지 심화 문제는 아이를 괴롭히는 문제가 아니고, 문장을 조각조각 나누어 분석하고 유추해서 답을 도출해내는 과정임을 경험하게 해주는 것이 중요하다. 하루에 한 문제라도 호흡이 길고 어려운 문제를 풀어보면서 생각하는 힘을 길러주어야 한다.

이해력이 조금 모자라는 아이는 한 단원 한 단원 철저하게 공부해야 한다. 문제집 세 권을 푼다고 하면, 보통 한 권 정도는 예습으로 풀고 그 후에 조금 수준이 높은 문제집을 풀도록 한다. 그리고 실력을 한 단계 올릴 수 있는 심화 문제집을 마련해 꾸준히 1페이지씩이라도 풀게 한다.

이해력이 떨어지는 아이들은 학교 진도에 맞춰 문제를 풀고 다른 문제집에서도 그 단원의 문제를 풀도록 한다. 결국, 한 단원에 대해서 두 권, 세 권 계속 문제집을 풀게 하는 것이다. 그 단원을 완벽히 이해할 때까지!

이해력이 떨어지면 숫자만 바꾼 유형 학습을

진호와 같이 이해력이 떨어지는 아이일수록 유형 학습이 필요한데, 집에서 할 수 있는 가장 간단한 유형 학습은 문제의 숫자만 바꿔서 쓰는 것이다. 예를 들면 이런 식이다.

'은미네 반 학생은 모두 36명입니다. 한 사람에게 도화지를 3장씩 나눠주려고 합니다. 도화지를 5장씩 묶음으로 판다고 할 때, 모두 몇 묶음의 도화지를 사야 할까요?'

도화지를 나눠주려고 한다면 곱셈이다. 그런데 이해력이 떨어지는 아이는 그것을 이해하지 못해서 36을 3으로 나누어버린다. 이런 아이들은

"왜 3으로 나누어야겠다고 생각했니?" 하고 물어보면, "나누어준다고 했으니까요"라고 대답한다. 36명 모두가 3장씩을 가지게 되는 경

우에 필요한 도화지의 수를 계산해야 한다는 사실을 이해하지 못하는 것이다.

이런 경우에는 "1명에게 3장 주려면 도화지가 몇 장 필요하지?", "2명에게 3장씩 주려면 몇 장이 필요하지?", "10명에게 3장씩 주려면 몇 장이 필요하지?", "36명에게 3장씩 주려면 몇 장이 필요하지?"

이런 식으로 필요한 도화지의 장수를 알게 한 다음, 도화지를 몇 묶음 사야 하는지 계산하게 한다. 아이들에게는 생각하는 과정 자체를 반복해서 알려주는 것이 좋다. 그런 다음 도화지 개수만 2장, 3장, 5장씩 바꿔가면서 같은 문제를 연거푸 풀게 하는 것도 한 방법이다.

숫자만 바꾼 문제를 '언제 주느냐?' 하는 타이밍도 중요하다. 문제를 틀린 그날 당장 숫자를 바꿔서 주거나 다른 비슷한 문제를 주어본다. 그리고 다음 날이나 일주일 뒤쯤 다시 숫자를 바꿔서 문제를 내어본다.

반대로 사고력이 좀 더 뛰어난 아이에게는 문제를 뒤집어 풀어보게 하는 것도 좋다.

'한 묶음에 5장씩인 색종이 36묶음을 사서 은미네 반 학생들에게 6장씩 나누어주었더니, 색종이가 1장도 남아 있지 않았습니다. 은미네 반 학생은 모두 몇 명일까요?'

문제를 해결할 때, 대부분 아이는 '5장씩 36묶음이면 $5 \times 36 = 180$장이 되고, 180장을 6장씩 똑같이 나누어주려면 $180 \div 6 = 30$, 30명'이라고 답을 낸다.

그러나 아이가 "6묶음이면 5명에게 나누어줄 수 있고, 36묶음은 6

묶음씩 6개니까 5명에 6을 곱하면 30, 모두 30명이에요"라고 대답한다면, 반대로 생각하기를 통해 이 아이는 수학적 감각을 한층 끌어올린 셈이다.

3
모르는 걸 모른다
말하지 않는 아이

모르는 걸 혼자 끙끙댄 건 자존심 때문

다인이는 곧 6학년이 되는 학생이었다. 최상위권의 아이는 아니지만 성실하고 꾸준한 학생이어서 반에서 모범을 보이는 학생이었다. 숙제도 빈틈없이 잘 해오고 늘 웃는 얼굴로 수업을 성실히 받았다. 최근 들어 과제 정답률이 좀 떨어지기는 했지만, 고학년이니만큼 있을 수 있는 일이어서 엄마가 전화해주기 전에는 선생님도 특별히 이상한 낌새를 발견하지 못했다. 엄마가 이야기하는 내용은 이랬다.

"학원에만 다녀오면 수업이 너무 어렵다고 펑펑 울고 숙제를 하느라 인터넷을 뒤지고 스트레스를 너무 많이 받는 것 같아요. 너무 어려우면 학원을 그만두자고 하니까 그러다 자기 바보 되면 어떡하느냐며 또 울어요."

 엄마는 어떻게 해야 할지 고민이 되어 상담을 요청해왔다. 담임선생님은 다인이가 그 정도로 스트레스 받는 줄은 모르고 있었다. 이해력이 다소 느리기는 하지만 대체로 수업 시간에 잘 받아들였기에 과제를 그렇게 어려워할 줄은 몰랐던 것이다. 이해가 잘 안 되는 것은 질문하면 되는데 너무 혼자 맘고생을 한 것이다. 풀리지 않는 문제를 잡고 혼자서 고민하는 시간은 모든 아이에게 필요하지만, 절대로 풀 수 없을 것 같다는 좌절감을 안고 있을 때는 물어봐야 한다.

 다인이의 문제는 잘하고 싶은 욕심과 자신이 모르는 것을 다른 사람에게 들키고 싶지 않은 자존심의 문제였다. 다인이는 문제를 풀기 위해서 혼자 끙끙댄 게 아니라는 말이다.

적극적으로 질문하도록 생각 바꿔주기

 나는 다인이 엄마뿐 아니라 다인이와 더 많은 상담이 필요하다고 생각했다. 다행히 엄마는 다인이에게 성적으로 부담을 주는 편은 아니었다. 다인이의 마음을 열기 위해서 먼저 이렇게 물었다.

 "원장 선생님이 세상에 있는 모든 수학 문제를 다 풀 수 있을 것 같아, 못 푸는 문제도 있을 것 같아?"

 이렇게 물으면 아이는 어떻게 대답해야 할지 망설이게 된다. 분명히 못 푸는 문제도 있을 것 같은데 그렇다고 솔직하게 말하기도 어려울 것이다. 나는 말을 이어갔다.

"원장 선생님도 수학에 대해 모르는 게 많아. 그래서 지금도 풀다가 모르는 문제가 있으면 선생님 아들에게 물어보기도 해"

"……."

"다인이도 친구가 모르는 것이 있다고 하면 그 친구에게 가르쳐준 적이 있어?"

"예!"

"그래, 선생님한테는 아들이, 다인이 친구한테는 다인이가 모르는 것을 가르쳐준 선생님인 셈이지. 만약 원장 선생님이 모르는 문제를 아들에게 묻지 않았다면 선생님은 아직도 그 문제를 못 풀고 있을 거야."

이런 말을 들은 다인이 마음속은 복잡할 것이다.

"어떤 게 나을까? 모르는 것을 알고 있는 누군가에게 알려달라고 하는 게 나을까? 모르는 게 창피해서 모르는 채 지내는 게 나을까?"

다인이는 곰곰이 생각한 뒤에 "알려달라고 하는 게 나을 것 같아요"라고 대답했다.

"다인이는 수학을 잘하기 위해 배우려고 학원에 온 거잖아. 학원 선생님은 다인이를 도와주는 사람이야. 같이 공부하는 친구에게 물어본다면 그 친구도 다인이를 도와주는 선생님이지."

자존심이 센 아이들은 자신을 둘러싸고 있는 사람들이 자신과 도움을 주고받는 협력관계에 있다는 것을 잘 모른다. 여자아이 중에는 다인이 같은 아이가 꽤 된다. 여태까지 잘해왔기 때문에 선뜻 자신의 상태를 드러내기 어렵거나 남들에게 못한다는 소리는 죽어도 하기 싫은 아이들이다. 다인이는 다행히 내 말의 속뜻을 알아듣고 마음이 편해져서 울음을 그치게 되었다.

다인이에 대한 솔루션은 간단했다. 다인이가 주변 사람들에게 마음의 문을 열고 적극적으로 묻도록 생각을 바꿔주는 것이었다.

4
선생님 평가보다
테스트 결과가 좋지 않은 아이

학습량도 적지 않은데 테스트 결과가 나쁜 이유

"사고력학원에서는 잘한다고 하는데 다른 학원에서 레벨테스트만 보면 점수가 안 나와요!"

민주는 1학년 학생으로 사고력 수학학원에 2년 정도 다녔으며, 집에서는 엄마와 함께 교과서 문제 학습지를 하고 있고, 시중에서 판매하는 문제집도 풀고 있었다. 학습지도 재미있게 잘하고 선생님도 잘하는 편이라고 하는데, 테스트 결과가 그리 높지 않으니 엄마의 고민이 이만저만이 아니었다. 엄마는 아무래도 민주가 사고력학원을 건성으로 다니는 것 같다며 과외를 생각 중이라고 했다.

나는 민주가 어떻게 공부하는지 파악하기 위해서 학습지는 얼마나 시켰는지, 학원 과제는 잘 해가는지, 집에서 문제를 풀 때 혼자서 푸는지 엄마랑 같이 푸는지, 책은 일주일에 얼마나 읽는지, 영어유치원을 다녔는지 등을 물었다. 민주는 5세부터 영어유치원에 다녔고, 학습지는 오래 한 까닭에 선생님도 민주를 예뻐하고 민주도 선생님을 잘 따르고 있고, 과제는 간혹 못해갈 때도 있으며, 한글보다는 영어가 편해 한글책은 많이 읽지 않고 있고, 집에서는 엄마와 같이 문제집을 푼다고 했다.

아무 문제가 없어 보이는 민주는 왜 선생님과 엄마의 평가보다 테스트 결과가 좋지 않을까? 첫 번째 원인은 바로 한글책을 많이 읽지 않는다는 데에 있었다. 민주는 한글을 모르는 것은 아니지만 책을 읽지 않다 보니 문장 이해력이나 사고력의 발달이 늦고, 생각하는 것도 그리 좋아하지 않는 아이라는 판단이 들었다.

그렇다면 학습지랑 문제집은 어떻게 잘 하는 걸까? 선생님과 엄마가 민주가 문제를 풀 때 옆에서 어려운 낱말이나 문장의 해석을 도왔고, 학원에서는 선생님의 설명과 또래들의 대화 속에서 문제를 해결해나간 것이다.

책을 통해 이해력 넓히기, 한 페이지씩 혼자 풀기

민주에게 가장 필요한 것은 한글책 독서를 통해 이해력과 생각을 키워가기였다. 또한 혼자서 문제를 풀기 위해 독립훈련이 필요했다.

첫째, 하루에 두 권씩 두께가 두껍지 않은 것으로 한글 동화책 읽기를 권했다. 단편집이라면 두 편의 단편 읽기를 통해 다양한 생각거리를 만들도록 했다. 둘째, 수학은 1페이지씩 집중해서 혼자 문제를 풀게 하고, 채점 후 틀린 문제를 고치게 한다. 다시 1페이지를 풀게 한 후 틀린 문제를 고치게 함으로써 문제에 대한 집중력을 높인다. 이렇게 1페이지씩 끊어서 풀게 하면 아이가 어느 부분에서 힘들어하는지 파악하기가 쉽다. 셋째, 그래도 틀린 문제는 직접 읽게 하고 답을 구한 방법을 설명하게 한다. 아이가 문제를 어떻게 해석했는지를 보는 것이다. 이 과정에서 아이가 문제를 잘못 파악해서 틀린 것인지, 진짜 몰라서 틀린 것인지를 확인할 수 있다. 문제 해석이 필요하면 힌트를 주어 다시 해석하게 해서 풀게 한다.

민주의 경우에서 보듯이 1, 2학년들은 한글 떼기, 책 읽기가 되어야 수학 공부의 틀도 잡힌다. 생각하기를 싫어하는 아이들, 조금만 어려워도 "이거 뭐야?"라고 사랑스럽게 물어도 아이가 생각해서 답을 낼 수 있도록 다정하게 답해보라. "우리 민주가 답을 알아내서 엄마에게 가르쳐주면 정말 행복할 것 같네"라고.

―― 5 ――

섣부르게 선행하다
농땡이가 되어버린 형제

대형 교과학원 숙제의 맹점

진우와 상우는 연년생 형제다. 어릴 때부터 엄마가 형제와 함께 도서관에도 다니고 여행도 다니면서 많은 경험을 시켜주었다. 진우는 초등학교 4학년이 되기 전까지는 밥 먹는 식탁에서도 책을 읽을 정도였고, 바둑도 즐기는 차분한 아이였다. 반면 상우는 운동을 좋아해서 밖에서 뛰어놀기를 좋아하는 동적인 아이였지만 형처럼 책 읽기를 무척이나 슬겼다.

엄마는 일찍부터 수학을 몇 년 정도 선행학습을 시켜놓았다. 그러다 4학년이 되어 학원을 보내기 시작했다. 학원의 레벨테스트에서도 상위등급을 받았다. 집에서 꽤 앞선 선행을 했고, 보낸 학원은 중학교까지 선행하는 학원이었다.

그런데 이상하게 학원에 보내놓으면 늘 늦게 왔다. 숙제를 안 해갔더니 다 할 때까지 가지 말라고 했다는 것이다. 대형 교과학원에서는 자체 제작한 프린트 문제집을 풀게 하는데, 유형별 문제은행식으로 되어 있다. 아이들이 말하는 죽으나 사나 반복해서 해야 하는 노가다 문제다.

"내가 이 문제를 왜 풀어야 하는지 모르겠다. 1번과 3번은 숫자만 바뀌었고, 2번과 9번은 부호만 바뀌었다." 진우는 숙제 대신 이런 식으로 문제를 풀지 않을 이유를 써서 냈다. 어떨 때는 숙제를 하지 않고 밤 10시까지 버티기도 했다.

덕분에 결국 학원에 다닐 수 없게 되었다. 그런데 동네 공부방에는 갈 수도 없는 노릇이라 다른 학원을 전전하게 되었다. 오래 다니면 석 달, 한 달 만에 그만두는 상황이 반복되었다. 동네에서는 더 이상 다닐 학원이 없을 정도였다.

형이 이렇게 악명(?)을 떨치자 동생도 따라쟁이가 되었다. 엄마는 궁여지책으로 게임을 좋아하는 진우에게 학원 숙제를 하면 컴퓨터 게임을 30분 하게 해주겠다는 당근을 제시하고 피시방에 보내주기도 했지만 소용이 없었다.

"시험을 보면 성적은 그다지 좋지 않지만 어려운 문제를 곧잘 풀어서 아이들의 실력을 모르겠어요."

이런 경우 엄마가 헷갈릴 만하다. "우리 애들 어떻게 할까요?" 짧은 상담 시간 동안 엄마는 이 말을 몇 번이고 되풀이했다.

심화 문제집에서 효율성 높이기

-

결론부터 말하면 선행을 위한 수학학원은 끊어야 한다. 적어도 몇 달 정도는 학원 보내는 것을 중지하는 편이 낫다. 아이들은 엄마가 통제할 수 있는 범위를 벗어나기 시작한 것으로 보이기 때문이다.

그리고 엄마는 아이를 대하는 태도를 바꿔야 한다. 엄마는 당면한 문제를 해결하기 위해 일관성이 모자란 결정을 하면서 아이에게 주도권을 내어준 셈이다. 숙제하게 하려고 피시방을 보내준다는 '딜'을 함으로써 통제할 수 없는 상황이 된 것이다.

수학학원에 그만 보내고 아이가 피시방 가는 대신 집에서 주말에만 게임을 할 수 있도록 약속한다. 주중에는 체스나 오목, 보드게임, 스도쿠 등 관심 있어 하는 게임으로 아이와 놀이하는 시간을 갖는다. 이 게임의 목적은 집중력을 높여주고 동적인 아이의 에너지를 정적으로 유도하기 위함이다. 물론 아이에게 이 목적을 설명할 필요도 내색할 필요도 없다. 그저 엄마도 재미있게 같이 즐기면 된다. 그리고 다시 어릴 때처럼 관심 가질 만한 읽을거리를 보게 하는 편이 낫다. 이때는 책이 아닌 잡지도 좋다.

다음으로는 수학 문제집은 현재 학년 심화 문제집 한 권, 선행학습용 응용 문제집 한 권을 선정해 문제를 풀게 한다. 이내 심화 문제집에서는 기본 과정을 설명하는 기본 문제 등은 풀지 않고, 어려운 문제 중심으로 하루 세 문제부터 시작해서 차츰 문제 수를 늘려나간다. 당분간은 집중력을 고려해 다섯 문제를 넘지 않는 편이 좋다. 응용 문제집은 두 쪽만 집중해서 풀게 한다. 일주일 정도 이렇게 시킨 다음부터는 하루에 딱 50분씩만 수학 문제를 풀게 한다. 50분씩 풀게 하는 이유는 추후 중학교에 가서라도 학원에 보내려면 50분 수업 10분 휴식에 적응하기 위해서다.

이 아이들이 가장 견디기 힘든 것은 단순 반복적으로 문제를 푸는 것이기 때문에 심화 문제집 중에서도 문제 유형이 비슷해 안 푼다고 하면 건너뛰게 한다. 대신 틀린 문제는 비슷한 유형의 문제를 더 풀게 한다. 수학은 효율성을 극대화하는 데 꼭 필요한 과목이다. 굳이 만만하게 풀 수 있는 비슷한 문제들을 반복해서 푸는 것은 효율성이 떨어진다. 최소한의 시간을 들여 최대의 효과를 누리는 것은 공부를 잘하는 지름길이기도 하다.

머리가 좋고 기억력이 좋으니 비슷한 유형의 문제를 찾아내고 숫자만 바꾼 문제는 풀기 싫은 것이다. 사실은 숫자만 바꾼 문제를 어제 풀어도 오늘 풀어도 모른 채 또 풀고 있다면 후자가 더 답답할 노릇이 아닐까? 공부시간과 노력, 에너지와 교육비의 효율성을 극대화하는 것이 아이와 엄마를 덜 지치게 할 수 있다.

지나친 선행은 수포자의 지름길

요즘은 대도시의 웬만한 규모의 학원에서는 초등학교 4학년이면 중학교 1학년, 6학년이면 중학교 3학년까지 선행을 다 해놓는 것을 기본(?)으로 생각한다. 엄마들도 몇 년씩 선행이 되지 않으면 동네의 작은 학원 외에는 보낼 데가 없다며 모두 울며 겨자 먹기로 선행 대열에 합류한다. 미리 선행하면 나중에 기억할까? 그렇지 않다. 온갖 문제를 짜깁기해놓은 학원 문제집을 아무리 열심히 풀어도 제대로 된 복습이 없다면 다 까먹는다. 문제에 지쳐 기계적으로 풀다 보면 까먹는다는 뜻이다.

진우로서는 몇 년씩 선행해서 다 안다고 생각하니까 그것을 풀고 싶지 않은 것이다. 초등학교 문제는 시시해서 풀기 싫어 단원평가까지 망칠 수도 있다. 선행하면서도 초등학교 과정 반복은 또 해야 한다. 학원에서는 응용 정도로 중3까지 해놓았고 못하는 건 아닌데 또 심화학습을 해야 하니까 다시 1학년 문제를 푼다. 다시 하는 과정에서 아이의 성실도가 쭉 떨어져 기계적으로 문제를 풀게 되는 것이다.

항상 도가 넘는 선행이 가장 위험하다. 몇 년씩 선행을 한 아이를 위한 해법은 집에서 혼자 자기 학년 심화 문제를 풀어 스스로 힘을 기르는 것이다. 특히 혼자서 푸는 노력을 해야 습관도 잡히고 진정한 자기 실력을 만들 수 있다.

한편으로는 진우의 마음이 이해가 안 되는 건 아니다. 그동안 선행을 하느라 놀 시간이 없었기 때문에 그렇게라도 놀고 싶은 것이다. 이런 경우 엄마를 위한 솔루션도 필요한데, 딱 한 가지나. 엄마는 마음을 비우고 모든 것을 내려놓을 것. 중학교 고등학교에 가면 말썽의 크기도 더 커진다.

6

사고력학원 테스트 탈락에서
4단계 점프업까지

그동안의 방치, 당연히 테스트 탈락

테스트에 응시하는 아이 중에는 레벨 배정을 받지 못하는 안타까운 경우가 발생한다. 심장이 내려앉는 것처럼 사색이 되는 엄마들도 있고, 수학을 안 시켰더니 이런 결과가 나왔다며 창피하다고 하는 엄마들도 있다. 탈락의 사정은 다양하지만 대부분 엄마와 상담을 하거나 아이가 문제 풀이를 해놓은 답안지만 보아도 어떻게 해야 다음번 테스트를 통과해 레벨 배정을 받을 수 있을지 처방해줄 수 있다.

그러나 처방전을 받아든 모든 엄마가 그대로 실천하는 건 아니다. 3개월 후에 꼭 만나자고 하지만 모든 엄마가 다 찾아오지는 않는다. 3개월 후 테스트에 통과하면 엄마들은 안도감을 느낀다. 3개월의 기간은 아이도 엄마도 성장할 수 있는 충분한 시간이다. 이렇게 실천하고 노력한 모든 엄마와 아이는 칭찬받아 마땅하다.

2학년 지훈이도 탈락자 중 한 명이었다. 지훈이는 둘째로, 큰아이와 나이 차이가 꽤 나는 늦둥이였다. 탈락이란 결과를 받아들자 엄마는 둘째에 대한 기대치가 낮았던 것과 약간의 무관심(?)에 대해 아이에게 미안해했다.

3개월의 처방은 생각보다 간단했다. 창의 사고력 문제집을 아이에게 맞는 단계 한 권, 시중에서 판매하는 교과형 문제집 기본 플러스 응용 편 한 권을 3개월간 풀게 하는 것이었다. 퍼즐을 하거나 관심을 두는 분야의 책도 시간이 나는 대로 읽으라고 권했다.

하루도 빠짐없이 책 읽기, 문제집 풀기, 어려운 문제 3개씩 풀기

3개월 후에 다시 만나게 된 아이는 스타트보다 4단계나 높은 레벨을 배정받았다. 놀란 건 그 엄마뿐만이 아니었다. 보통은 그렇게 3개월 실천하고 오면 스타트 레벨이나 두 번째 레벨까지 나오는 경우는 간혹 있지만 4단계나 점프하는 경우는 처음이었기에 나도 무척이나 놀랐다.

나는 아이가 풀어놓은 문제집을 여러 번 확인했다. 그리고 놀라워하는 엄마에게 말했다.

"3개월간 정말 잘해주셨어요. 아이도 칭찬받아 마땅하지만, 어머니도 많이 칭찬해드리고 싶어요. 어머니가 정말 큰일을 하셨어요. 이 아이는 오늘의 기억이 앞으로 큰 목표에 도전할 수 있는 원동력이 될 거예요. 그 계기를 어머니가 만들어주셨어요."

엄마는 아이가 높은 레벨에 적응할 수 있을지 염려했지만 이런 실력의 점프를 한 아이는 어렵게 느껴지더라도 도전할 수 있는 뚝심이 생겼기에 또 한 번 점프할 거라고 안심시켰다. 이제 엄마는 조급하지 않게 지켜보기만 하면 아이는 잘 해낼 것이다.

지훈이는 기대를 저버리지 않고 성장하고 있다. 한번 노력한 경험은 계속 노력하는 발판이 되어주기 때문이다. 테스트 탈락 후 3개월, 3개월은 기적을 낳을 만한 시간이다. 엄마의 노력은 아이를 변화시킨다.

7

외국에서 살다 돌아온
놀기 좋아하는 아이

놀기 좋아하는 아이일수록 챙겨야 하는 기본기
-

국제화 시대다 보니 사업차, 또는 학위 취득의 이유로 온 가족이 외국에서 생활하다 귀국하는 가정이 많다. 외국에서 학교에 다니다 온 아이들은 학습량이 많지 않고 활동 중심적인 외국 학교 생활에 익숙해져 한국의 수학 학습량에 적응하기 어려워하는 경향이 있다.

동연이는 외국에서 유치원 과정을 보내고 초등학교 2학년 때 귀국한 남자아이다. 워낙 자유로운 영혼에다 학업 스트레스 없는 외국 학교의 영향 때문인지 놀기를 좋아했다. 학교가 끝나면 귀가를 하지 않고 놀이터마다 놀러 다니며 학원을 빼먹기 일쑤였다. 한글을 잘 모르는 건 물론, 수학은 기본기도 안 되어 있었다. 외국에서 일상적으로 쓰던 영어를 까먹지는 않고 유지해야 해서 영어학원에 보냈지만, 영어학원에서조차 난색을 표현할 정도였다.

외국에서 살다 온 아이 중에는 한국 학교 시스템에 적응하지 못하는 아이들이 꽤 있다. 어떻게 보면 문화의 차이라면 차이다. 게다가 한국어가 잘 안 되니 모든 과목이 어렵고, 활동 중심의 수업이 아니라서 흥미 또한 떨어진다. 외국에서 얼마를 보냈느냐, 한국어 공부를 얼마만큼 시켰느냐에 따라 아이가 한국 학교에 적응하여 자리를 잡기까지 걸리는 시간이 다르다. 외국에서 엄마와 한글이나 한국 학교의 수학 과정을 얼마만큼 진행했느냐에 따라 차이가 있다.

학습량이 많지 않은 일반적인 아이의 경우 한국에서 '거세게' 몰아붙이지 않고 서서히 아이의 능력치를 끌어올리는 데는 외국에서 지낸 기간의 2배가 걸린다. 외국에서 1년을 보내다 왔다면 한국 학교에 돌아와 다시 자리 잡기까지 2년이 필요하다는 이야기다. 이런 시간을 단축하기 위해 초등학생 때 2~3년 계획으로 외국에 나가는 경우 수학 문제집을 학년별로 몇 권씩 챙겨가기도 한다. 외국에 가면 현지에 적응하는 데 또 시간이 걸리기 때문에 엄마가 몹시 바쁠 수밖에 없다.

싫어하는 것은 하지 않고 책 읽기와 수학만
-

동연이가 당장 해야 하는 것은 영어, 우리말, 수학 등 다른 교과목도 많지만, 우선 책 읽기와 수학만 시키도록 했다. '이게 수학 문제야, 국어 문제야, 아니면 사회 문제야?' 하는 생각이 들 정도로 스토리텔링형 문제가 많은데, 이런 문제는 엄마와 더욱 꼼꼼하게 익히도록 했다. 문제 부분과 스토리텔링 부분을 나누고, 문제 부분에서 무엇을 묻는 것인지 밑줄을 긋게 하거나 물어본다. 영어와 달리 우리말은 조사와 어미가 다양해서 우리말이 서툰 동연이가 뉘앙스 차이를 잘 모를까봐 내준 솔루션이었다.

동연이 엄마는 동연이의 모든 말썽(?)을 포용하는 대신 딱 한 가지만 양보하지 않았다. 바로 수학 문제집 풀기였다. 학원과 과외선생님에게 맡기는 게 불가능하다는 걸 간파한 엄마는 아이와 계획을 세워 매일 수학 공부를 시켰다. 아이와 수없이 실랑이를 했지만 수학을 놓치지 않고 끌고 간 엄마의 전략은 주효했고, 중학생쯤 되자 학원에 보낼 수 있게 되었다.

수학책을 놓지 않았던 덕분에 중학교 시험에도 잘 적응했다. 많은 것을 아이에게 양보해야 하더라도 관철해야 하는 것 또한 있다. 하루 아침에 되지 않는 수학이 바로 그것이다. 자율과 방치는 완전히 다르다. 스스로 하게끔 해서 아이가 혼자 하는 것이 바로 자율이다.

기대치 높은, 학벌 좋은 부모의 아이

아이의 실력을 객관적으로 받아들이지 않을 때

교육에 있어 아이와 부모의 관계에 문제가 생기는 경우는, 부모의 기대치가 높은데 아이의 실력이 낮은 경우다. 반대로 기대치가 낮은데 실력이 높으면 큰 문제가 없다. 부모의 칭찬과 격려가 더 좋은 결과를 가져오기 때문이다.

엄마 아빠가 서울대를 나온 전문직이고 심지어 외할머니까지 서울대 출신에 전문직인 집에서 자라는 아이들은 어떤 생각을 할까? 많은 경우 주변의 시선과 기대가 아이에게는 부담스러울 수 있다. 대체로 고학력에 사교육의 도움이 없이도 스스로 학습하여 공부를 잘한 부모님들의 경우 일찍부터 사교육을 시키는 것도 공부를 많이 시키는 것도 이해하지 못하는 경우가 많다.

그러다가 2, 3학년이 되어 아이가 문제집을 잘 풀지 못하면 그 사실을 받아들이기 힘들어한다. 아이의 눈높이에서 설명하거나 가르쳐주지 않고 '왜 이걸 이해 못하지?'라는 반응을 보인다. 또 엄마가 보기에 기본이나 응용 문제집은 너무 쉬우므로 심화 문제집을 풀려야 한다고 고집하고, 엄마 입장에서 쉽게 푸는 방법을 가르쳐준다며 방정식을 가르쳐주기도 한다.

방정식이 미지수를 찾는 가장 간단한 방법이긴 하지만 초등학교 때는 미지수 찾는 원리를 가르친다. 방정식의 바탕이 무엇인지 가르쳐주는 것이다. 간단하지 않더라도 이렇게 하는 것은 미지수를 어떻게 찾아가는지 고민하라는 것이다. 고민의 시간 없이 공식에 적용하면 편하기는 할 것이다. 그런데 왜 공식을 적용하는지는 모른 채로 남는다. 엄마가 보기에 돌아가는 것 같지만 돌아가라고 하는 데는 이유가 있다.

은율이는 바로 이런 부모님을 둔 아이였다. 엄마는 직장을 다니며 주변에서 많은 정보를 듣고 있었다. 그러나 엄마가 수학 공부를 봐줄 수 있는 시간이 전혀 없어서 비교적 일찍 학원에 보내기 시작했다. 입학상담을 하면서 부모의 학벌과 능력에 대해서 말을 하며 "DNA가 나쁘진 않을 것"이라고 말했다.

레벨은 중간 이하로 나왔으나 공부를 시킨 적이 없으므로 그렇게 나왔을 것이라며 학원에 적응해서 수업을 잘 받으면 곧 두각을 나타낼 것으로 기대했다.

수준에 안 맞는 문제집은 자신감을 죽이는 독

-

은율이를 관찰한 결과, 아이는 학습적인 부분만이 아니라 사회성 발달도 늦은 편에 속했다. 엄마를 대신해 양육해주시는 분의 과보호 때문에 스스로 과제를 하지 못하거나 교재, 심지어 과제물을 챙기지 못하기 일쑤였다. 수동적인 아이가 되어서인지 수업 참여도 낮고 의욕도 없으며 적극적으로 이해하려 하지 않는 게 문제였다.

내가 은율이에게 내린 처방은 쉬운 문제집부터 스스로 할 수 있는 습관을 형성하는 것이었다. 은율이가 스스로 계획표를 짜서 과제도 잊지 않고 혼자서 해올 것을 부탁했다. 수학 실력을 높이는 것은 그다음 문제였다.

나는 쉬운 문제집으로 습관을 잡고 아이가 수학적 흥미를 느껴 수학 공부에 의욕이 생기면 문제집 난이도를 높여가자고 했다. 그러나 엄마는 쉬운 문제집에 동의하지 않고 본인이 점검한다면서 심화 문제집을 시키기 시작했다. 그러다 보니 한 문제를 풀면서 30분 이상 아이를 닦달하게 되고, 아이는 점점 주눅이 들기 시작했다. 아이는 점점 더 수학이 어려워지니 싫어하게 되고 수학 공부를 피하게 되었다.

"우리집에 돌연변이가 나온 거 아냐?" 은율이 엄마의 말에 현재의 은율이만 상처를 입었겠는가! 주변에서 아무리 제대로 된 솔루션을 제시하더라도 부모가 받아들이지 않으면 그 피해는 고스란히 미래의 은율이 몫이 된다. 결국 이런 아이는 부모의, 집안의 감추고 싶은 비밀로 전락하고 만다.

아이들은 어떤 환경에 노출되느냐에 따라 학습 능력이 천천히 발달할 수도 있다. 이런 아이들은 좀 천천히 기다리면서 공부를 끌고 가야 한다. 엄마의 한숨이나 조급함은 아이에게 중압감만 줄 뿐이다. 친구들과 비교하면 속상한 정도지만 부모와 비교하면 아이는 좌절한다. 심리적으로 위축되면 더 잘할 수 있는 아이도 더 나아갈 수 없다.

감정의 기복이 크면 수학 성적의 기복도 크다

아이에게 비난보다는 격려가 훨씬 효과적인 이유는 정서적 안정은 공부, 특히 수학 공부를 하는 데 아주 중요하기 때문이다. 아이가 앉아 있는 것만 봐도 정서적으로 안정된 아이인지 아닌지 금방 티가 난다. 스트레스가 적은 아이는 차분하고 감정의 기복이 크지 않으며 새로운 것을 받아들일 때도 긍정적으로 받아들인다. 또한, 다른 사람에게 피해를 주지 않고 다른 사람에 대한 피해의식도 없다. 설령 조금 능력에 부친다 싶은 어려운 문제를 접하더라도 쉽게 짜증 내지 않으며 해야 하는 것을 잘 받아들인다. 게다가 성실하며 책임감도 있다. 평소보다 조금 많은 양을 공부하라고 주어도 필요에 의한 거라고 스스로 인정하면 불만을 드러내지 않고 문제를 푼다.

반면 엄마가 "공부! 공부!" 하고 잔소리를 하거나 점수에 민감하면, 아이도 예민해진다. 점수가 좋을 때는 우쭐하고, 시험을 조금이라도 못 보면 말도 꺼내지 못하게 한다. 친구들의 말에 갑자기 울기도 한다. 아이들은 4, 5학년이면 사춘기가 오는데, 사춘기가 아니라 성적 때문에 감정 기복이 심한 경우도 많다.

무엇보다 정서적으로 안정이 안 된 아이들은 산만하고 불안해 보인다. 시험을 못 보면 야단맞을까봐 불안해한다. 이런 심리적 불안은 시험을 망치는 원인이 된다. 심지어 말도 안 되게 쉬운 문제를 실수하기도 한다.

저학년 때는 엄마의 잔소리나 야단에 잠시 변하는 것 같아도, 고학년이 되면 아이들은 반발심이 생긴다. 다른 아이와 비교하며 야단치면 아이는 다른 집 부모와 비교하며 엄마를 공격하는 것이다. 이런 소모전은 벌이지 않는 게 좋다. 야단칠 일이 있으면 잘못된 행위에 대해서만 짧게 지적하고 다시 그런 행동을 하면 안 된다는 경각심을 주기만 하면 된다. 과거의 다른 행동까지 굴비 엮듯이 엮어서 아이를 비난하듯 야단쳐서는 안 된다.

시험을 왜 못 봤냐고, 왜 실수했냐고, 이것도 모르냐고 야단을 치는 것은 화풀이 이상도 이하도 아니다. 시험 점수를 받아들고 기죽어 있는 아이에게 "어떻게 매일 시험을 잘 칠 수 있니? 엄마도 요리에 실패하기도 하는데! 괜찮아, 몰라서 못 푼 문제는 풀이 방법을 보고 네 걸로 만들면 돼. 실수한 문제는 다음에는 실수 안 하도록 좀 더 신경 써서 잘 보면 되고!"

이렇게 말하면 아이는 미안한 마음도 들고 엄마의 위로에 정서적인 안정을 찾는다. '다음에 정말 잘 봐야지' 하는 다짐도 하게 된다. 정서적 안정이야말로 공부하게 만드는 밑거름이다.

9
조기 영재 교육으로
번아웃된 아이

너무 많이 시키면 못한다?

상준이의 첫인상은 번아웃된 아이 특유의 모습이 나타나고 있었다. 아이다운 반짝거리는 눈빛이 아닌 퀭한 눈빛에 소심하고 풀이 죽은 표정을 하고 있었다.

상준이 엄마는 수학이 너무나 중요하므로 조기교육을 해야겠다는 생각에서 상준이가 네 살 때부터 수학 교육에 매진했다. 상준이는 영재 교육 기관에 다닐 뿐 아니라, 영재 교육 전문가인 대학교수에게 개인과외를 받고, 이와 별도로 그룹 과외를 받기도 했다. 선생님들은 다 잘한다고 하는데, 평판이 괜찮은 대형 사고력학원에 가서 테스트를 받았더니 중간 이하의 레벨이 나왔다.

엄마의 목표는 당연히 최고 레벨인데, 같이 그룹 지도를 받는 아이들과 2레벨 이상 차이가 나자 엄마는 당황했다. 처음에는 뭔가 테스트 과정에서 문제가 있었나 싶어 이 학원 저 학원 레벨테스트를 보러 다녔지만, 결과는 비슷했다. 6개월 후에 다시 테스트를 보기로 했는데, 6개월 후의 결과도 역시 마찬가지였다.

엄마는 충격을 받은 채 "아이의 수학교육에 무엇이 잘못되었는지 혼란스럽다"고 했다. 여러 번에 걸쳐 테스트를 한데다 엄마의 당황해하는 모습에 아이는 아이대로 주눅이 들었다. 그래서인지 수학에 대한 자신감이 떨어지고 무기력해 보였다.

교수님이라고 더 잘 가르치지 않는다

상준이가 겪고 있는 문제는 세 가지로 요약된다. 첫째, 엄마의 불안이 아이에게 투영되었다. 둘째, 아이는 이미 수학에 지칠 대로 지쳐 있다. 셋째, 전략이 잘못되었다.

상준이 입장에서는 어릴 때부터 많은 양의 교육을 받아왔으니 당연히 감당하기 어려웠을 것이다. 게다가 엄마가 친구들만큼 공부를 못하면 불안해한다는 걸 잘 안다. 그리고 이해력이 부족한 아이였다. 상준이가 여러 군데에서 수학 공부를 진행하고 있기 때문에 수업 내용을 이해하는 데는 어려움이 없어 선생님들은 수업 시간에 이해력이 부족한 아이라는 것을 눈치채지 못했을 가능성이 있다.

또 교수님에게 단독으로 과외를 받는 것에 함정이 있었다. 초등학교 저학년에서 모든 형태의 과외는 단기간의 특별한 목적이 있을 때를 제외하고는 그리 적합하지 않다. 일단 아이가 어느 정도 학습 효과를 보이는지 비교 대상이 없기 때문이다.

게다가 교수님은 아이에 관한 한 전문가가 아니다. 아이의 연령에 맞는 교육을 진행하는 사람이 진짜 전문가이다. 상준이는 지금까지 해온 모든 방식을 다 버려야 했다.

번아웃에는 아이와 엄마의 정서 회복이 먼저

수학의 중요성을 알고 준비한다면, 아이에게 적합한 교사를 찾아야 하고 효율적인 학습을 시켜야 한다. 수학학원에 다닌다면 학원에서 공부한 내용을 아이가 혼자서 자기 것으로 만드는 시간이 필요하다.

상준이의 경우는 너무 어릴 때부터 여기저기로 수학 공부를 하러 다니느라 배운 것을 자기 것으로 만들 시간을 갖지 못한 채 번아웃이 된 것이다.

이런 경우 먼저 정비해야 하는 것은 엄마의 마음이다. 엄마는 자신이 받은 상처와 충격에서 빨리 벗어나야 한다. 쉽지는 않겠지만 아이의 상처와 충격을 아이 책임으로 전가해서는 안 된다. 미리 맞는 매가 때로는 약이 되기도 한다. 초등학교 때 이런 위기를 맞은 것이 중·고등학교에서 이런 위기를 맞이하는 것보다는 낫다는 이야기다.

어떤 방식으로든 엄마가 빨리 회복하고 지금까지 해온 모든 공부 방법을 버리고 아이 입장에서 재정비해야 한다. 당연히 점검 시 고려해야 하는 1순위는 아이의 마음으로, 아이의 정서적 회복이 최우선이다. 두 번째는 모든 수학 학습을 중단하고 휴식을 갖는 게 필요하다. 아이와 여행도 하고 좋아하는 놀이 중심으로 같이 놀고 대화도 많이 하면서 시간을 보내는 것이 필요하다.

다시 수학을 시작할 타이밍은 아이가 충분히 회복된 후 대화를 통해 결정하는 것이 좋다. 아이가 "수학이 너무 어려워서 그때 정말 힘들었어! 나도 너무 속상해서 엄마 몰래 화장실에서 운 적도 있었어"라고 자신의 속마음을 이야기한다면 아이는 치유되는 중이다. "그래, 이제는 상준이가 힘들 때 힘들다고 엄마에게 바로바로 이야기해. 그동안 상준이 힘들게 해서 미안해!" 이렇게 엄마가 이야기할 수 있다면 다시는 같은 실수를 반복하지 않게 될 것이다. 상준이도, 엄마도.

10
예체능을 전공하려는 극도로 수동적인 아이

예중 입시에서 떨어진 후의 성적

정인이의 목표는 꽤 유명한 예술중학교에 입학하는 것이다. 정인이 엄마는 4학년 때부터 입시를 준비해왔다. 미술학원에서 주 3회 6시간씩 그림을 그리다 보니 다른 공부를 할 시간이 없었다. 그런데도 입시를 위해 국어와 수학, 영어를 모두 공부해야 하니 몇 배로 힘들었다. 영어를 빼고 국어와 수학은 학교 선생님인 엄마가 맡아서 가르치고 있었다.

예중 입시는 실수로 한두 개 틀리는 데서 당락이 갈리다 보니 실수 방지 차원에서 엄마는 꼼꼼함을 요구했다. 그래서인지 정인이는 선다형 문제도 왜 틀렸는지 가위표를 치고, 맞는 답에 동그라미를 친 다음

번호를 다시 썼다. 이중삼중의 안전장치를 마련한 셈이다. 그런데도 혹시 몰라서 계속 다시 보기를 반복했던 모양이었다.

정인이의 답안지를 보니 정인이가 가진 '강박'이 보였다. 이렇게 노력했지만 정인이는 시험에 탈락했고, 그림 그리기라면 질려서 못하겠다 하여 쉬고 있었다. 물론 1, 2년 쉬다가 다시 그림을 그릴 참이었다. 그런데 문제는 그림을 쉬고 있는데도 수학, 영어는 물론 국어 등 기본 교과의 성적이 오히려 더 내려갔다는 것이다.

수학 공부에서도 자아 찾기가 필요하다

나는 정인이의 성적보다 태도에 더욱 신경이 쓰였다. 예, 아니오의 단답형으로만 대답하고 고개를 푹 숙이고 있었다. 사춘기에 시험에 떨어지는 경험을 해서 그렇다기보다 엄마의 눈치를 보고 있다는 생각이 강했다. 정인이와 대화해보니 열등감도 느껴졌다. 나이 차이가 꽤 나는 언니는 공부를 아주 잘했다. 가족 누구도 정인이에게 공부 못한다고 말하지 않지만 아이 스스로 "나는 잘 못해요"라고 말하고 있었다. "못 봤어요", "나는 잘 못해요"라고 말하는 아이들은 미리 엄마의 기대치를 꺾어놓기 위해서 그런 말을 한다. 그리고 그 밑바닥에는 진짜로 자신은 잘하지 못한다는 열등감이 자리 잡고 있다. 이런 이유로 정인이의 경우 엄마가 시키는 대로만 하면 될 거야, 라고 모든 것을 내맡긴 상태다 보니 극도로 수동적인 태도를 보이는 것이다.

정인이가 극복해야 하는 것들이 보였다. 시키는 것만 하려는 극도의 수동성에서 벗어나야 했다. 수학 문제를 풀 때도 그런 특성이 여지없이 드러났다. 간단한 개념문제는 잘 풀지만 복잡한 문제나 서술형 문제는 어떻게 풀어야 할지 실마리를 찾지 못한 채 굳어 있었다.

정인이 엄마에게 "너는 미술을 하고 공부도 해야 하니까 정말 대단한 일을 하는 거야"라고 끊임없이 격려하도록 조언했다. 초등학생이라도 대학생 언니와 자신을 비교한다. 언니는 최고의 대학에 다니는데 자신은 중학교 입시부터 실패했기 때문이다.

두 번째는 눈에 보이는 교과 공부보다 조금 폭넓게 사고력을 키워주는 쪽으로 공부를 시키라고 조언했다. 미술을 하려면 아이디어가 있어야 하고 자기만의 눈이 있어야만 한다. 수동적인 자세에서는 자유로움이 나올 수 없다.

"당장은 공부보다 책을 좀 더 읽게 하고, 수학은 꾸준히 하면 언젠가는 결과가 나오는 과목이니 놓지만 않는 선에서 하도록 부담을 주지 않았으면 합니다."

이것은 미래의 예술가를 위한 처방이었다.

자투리 시간이라도 활용하라

예체능의 경우 예중, 예고 입시를 준비하다 보면 이중, 삼중고를 겪는다. 학교 내신은 내신대로 챙겨야 하고 실기는 실기대로 실력을 쌓아야 한다. 다면적 사고를 위해 다양한 책 읽기도 병행해야 한다. 베껴 그리는 능력만으로는 좋은 학교 진학이 어려운 게 현실이다. 수학은 예체능 아이들이 놓지 않고 챙겨야 하는 과목이기도 하다.

예체능계의 유명한 선수나 작가, 음악가 중에는 머리 좋은 사람들이 많을 뿐 아니라 예체능도 수학과 관련이 많다.

그러나 현실적으로 시간 내기가 쉽지 않아 엄마로서도 고민이 아닐 수 없다. 이런 아이들은 현실적으로 자투리 시간을 최대한 활용하는 수밖에 없다. 학교 수학 숙제는 학교에서 마쳐야 하고, 하루에 10분이건 20분이건 수학 문제집을 시켜야 한다. 하루 10분의 힘은 절대 무시할 수 없다. 혹시 레슨을 위해 먼 거리로 아이를 이동시켜야 한다면 스마트폰 앱에서 초등 수학 문제 풀이 앱을 내려받아 승용차 안에서 1회분씩 풀게 해도 좋다. 시간을 쪼개 주말에라도 일주일에 일정한 분량의 수학 공부를 꼭 시켜주어야 한다. 그러면 최소한 교과 때문에 수학학원에 가는 시간을 줄일 수 있다.

11
답안지에 보이는 아이의 특성별 솔루션

메타인지가 뛰어난 아이
-

학교 진단평가 답안지든 학원의 레벨테스트 답안지든 답안지를 보면 아이의 성격 및 학습상의 특성이 보인다. 답안지를 보면 아이가 왜 그 문제를 틀렸는지 뿐 아니라 그 문제를 틀릴 수밖에 없었다는 사실을 깨닫게 된다.

"시험 잘 봤니?" 하고 물으면, "2개 못 썼고, 1개는 쓰긴 했는데 틀렸을 것 같아."

이렇게 자신이 아는 것이 무엇인지, 모르는 것이 무엇인지 정확하게 자기 실력을 아는 아이들이 있다. 메타인지 능력이 뛰어난 아이들이다. 이런 아이들은 실수도 많이 하지 않으며, 점수 기복도 심하지 않다. 당연히 이런 아이들은 레벨테스트를 한다고 해서 흔들리지 않고 테스트도 잘 본다.

이런 아이 중에는 엄마에게 자신이 부족한 부분을 채워줄 방법을 스스로 알아보고 해달라고 한다.

이런 아이들은 나중에 중·고등학생이 되었을 때 "방정식이나 도형은 혼자서 할 수 있는데 확률 부분이 어려우니 확률만 과외를 시켜주세요"라는 식으로 이야기한다.

반면 레벨테스트를 잘 못 본 아이들은 그 나름대로 이유가 있다. 다음과 같이 유형별로 솔루션을 제시한다.

무슨 말인지 몰랐어!

수학은 숫자만의 세상이 아니다. 문맥을 잘 이해해야 하고, 문제 또한 해석을 잘해야 한다. 7~8세 아이들이 사고력 수학학원 레벨테스트에서 가장 많이 탈락하는 이유는 한글에 대한 이해도가 낮기 때문이다. 저학년의 경우 특히 이런 사례가 많다.

받침 있는 어려운 글자를 잘 못 읽기도 하고, 어휘나 낱말의 뜻을 다 이해하지 못하는 경우가 많다. 글자를 읽기는 해도 무슨 의미인지 파악하지 못하는 경우가 있는 것이다. 재미있는 사실은 한글에 대한 이해도가 낮은 아이는 엄마가 문제를 읽어주면 답을 잘 찾아내지만 혼자서 문제를 읽고 풀라고 하면 엉뚱한 답을 찾아내는 경우가 많다.

이런 어려움을 해결하기 위해서는 한글을 어느 정도 읽을 수 있으면 혼자서 문제를 풀어보게 하는 연습이 필요하다. 혼자 읽고 문제를 풀게 한 뒤 틀렸을 때는 어떻게 답이 나왔는지 본다. 이때 아이에게 "왜 이게 답이지?"라고 질문하면 아이가 문제 파악이 잘 안 되어 틀렸는지, 문제해결 방법을 몰라서 틀렸는지, 어휘의 뜻을 몰라서 틀렸는지 알 수 있게 된다. 때론 수학적 이해력이나 수학적 해석을 필요로 하는 경우가 있는데, 이때는 안내를 해주면 된다.

생각하기 싫어요!

말은 생각하는 방식을 지배한다. 영어유치원에 다니는 아이 중에 영어, 한글, 수학 모두 잘하는 경우가 있기는 하다. 하지만 한글에 대한 불편함을 보이는 아이 중에는 3학년이 될 때까지도 우리말로 생각하기를 싫어하는 아이들도 있다. 영어를 한글보다 편하게 여기면 한글책을 잘 읽으려 하지 않거나 생각해야 하는 과정을 피하려고 하기도 한다. 이렇게 한글이 불편한 나머지 생각을 안 하려고 하는 경향이 굳어지면 학습 자체를 점점 더 피하게 된다. 국어, 사회, 과학, 수학 등 모든 과목의 학습은 한글로 해야 하기 때문이다. 만약 영어유치원에 일찍부터 보내는 경우라면 생각하는 힘을 키워주는 노력을 조금 더 많이 해주어야 한다.

내 마음대로 직관적으로

성격이 급해 후닥닥 해버리는 아이, 매사를 덜렁덜렁 쉽게 생각하는 아이는 다른 아이들보다 문제를 푸는 시간이 짧다. 문제를 보는 순간 바로 풀어버린다. 문제를 꼼꼼히 읽지 않고, 그림만 보고 풀거나 읽는 순간 바로 정답을 찍어버리는 것이다.

이런 아이들은 문제를 풀 때 꼼꼼함과는 거리가 멀다. 보기를 같이 보고 답을 찾는 게 아니라, 딱 보고 "아, 이거!"라고 혼자 생각으로 답을 정해버린다.

이런 아이들은 평소에 엄마랑 문제집을 풀 때 문제를 소리 내어 읽게 하는 훈련이 필요하다. 문제를 읽는 속도는 눈의 흐름보다 느리므로 빠른 눈의 흐름을 차단하는 효과가 있다. 소리 내어 읽는 훈련이 어느 정도 되면 그다음엔 눈으로 읽는 훈련을 해야 한다. 문제를 꼼꼼히 안 읽어서 실수하는 아이들은 틀린 문제를 다시 소리 내 읽게 한다.

고학년이라면 밑줄을 긋고 문장을 끊어가면서 문제를 읽는 훈련이 필요하다. 이보다 한술 더 뜨는 아이들도 간혹 있다. 테스트 시간이 70분이라면 20분 만에 문제를 풀고 나오는 아이들이다. 이런 아이들은 선다형 문제일 경우 아는 문제는 풀고, 잘 모르겠으면 아무 번호나 쓴다. 주관식 문제는 문제를 한 번 읽어보고 잘 모르겠으면 별표를 치거나 물음표를 해놓고 빈칸으로 남겨둔다. 이런 아이들은 산만하진 않지만, 성격이 급하다. 성격이 급하다 보니 글씨도 알아보기 힘들어, 시험지 옆 빈칸에 문제 풀이를 해놓고도 답을 옮겨 적을 때 다른 답을 적어 틀리기도 한다. 숙제도 완성도보다는 빨리 끝내는 것이 목표인 아이들이다.

저학년이라면 한 번에 푸는 문제의 양을, 한 쪽을 먼저 꼼꼼히 다 풀게 한 다음 채점하고 다시 한 쪽을 꼼꼼히 풀게 해야 한다. 이렇게 집중력과 문제 푸는 속도를 조정해준다. 한 번 읽어 모르는 문제라면, 끊어 읽기를 시켜 생각하는 시간을 갖게 하고 문제에 대해 고민하는 훈련을 시킨다.

설마 제 답이 맞겠어요?

자신이 문제 푸는 것에 자신감이 없어서 풀고도 맞았는지 틀렸는지 확신이 없는 경우가 많다. 수학을 못한다는 위축감이 있고, 그러다 보니 흥미도 없다. 문제 해석력도 수학적 이해력도 떨어진다. 이렇게 자신감이 없는 아이 중에는 또래보다 수학을 늦게 시작한 아이들이 많다. 친구들은 구구단을 외우는데 자신은 덧셈 뺄셈을 하는 등 조금씩 느린 경우다.

자신은 수학을 못한다는 생각으로 가득 차 있어서 레벨테스트 같은 외부 시험을 보면 "설마 제 답이 맞겠어요?"라고 반문할 정도다.

그러나 이런 아이 중에는 의외로 수학적 자신감을 가져도 될 만큼 수학적 감각이 좋은 아이들도 많다. 초등 저학년 때는 일찍 시작한 것과 늦게 시작한 것과의 차이가 크지 않다. 수학은 자신감을 갖고 문제 풀이를 하고 틀리면 어디서 어떻게 틀렸는지 점검하고 틀린 부분을 보완해가다 보면 실력은 자연히 쌓이게 된다.

틀린 답을 쓰느니 비워두겠어!

수학을 잘하고 스스로 자신이 수학을 잘한다는 자신감을 느끼고 있는 아이 중 선다형 문제든 주관식 문제든 정답이라는 확신이 없으면 칸을 비워놓는 아이들이 있다. 수학 과목만 그런 게 아니라서 엄마도 아이의 성향을 대충 잘 알고 있다.

완벽주의형 아이들은 어른들처럼 자신이 틀린 모습을, 못하는 모습을 보이기 싫어한다. 특히 여자아이 중에 이런 아이들이 많다. 100점이 아니면, 빵점과 마찬가지라며, 90점, 95점을 받아도 만족하지 못하고 스트레스를 받는 아이도 본 적 있다.

이런 아이들은 생각을 빨리 바꿔줘야 한다. 처음부터 잘하는 사람은 없으며, 모르는 것을 알아가는 과정이기 때문에 모르는 것은 부끄러운 게 아니고, 모르는 것을 아는 체한다든지 모르면서 배우려 하지 않는 게 부끄러운 일이라고 말해준다.

답이 완벽한 것 같지 않아도 중간 과정을 모르겠다면 아는 부분까지만 적어도 된다고 이야기해준다. 뭐라도 적어놓은 흔적이 있다면 어느 부분까지 생각이 미치지 못하는지를 파악해 아이에게 정확한 피드백을 제공해줄 수 있기 때문이다.

"100점 받았을 거 같아"라는
낙천성 100점짜리 아이

—

무엇을 하든 잘했다고 말하는 아이들이 있다. 테스트가 끝난 뒤에도 웃으면서 나와서 엄마에게 "나 다 썼어! 다 맞았을 것 같아!"라고 말하곤 한다. 모르는 문제에도 '이게 정답일 거야'라고 생각해서 답을 적는다.

이 아이들의 문제는 자신이 뭘 모르는지를 모른다는 것이다. 자기 생각이 다 옳다는 천진한 아이들은 평소에도 낙천성에 관한 한 100점이다. 학교에서 단원평가 시험에서 80점을 받고도 "엄마, 내 친구는 60점이야"라며 자신의 점수에 후한 평가를 한다.

엄마는 "너는 도대체 욕심이라곤 없니?"라며 아이의 낙천적인 성격에 애가 타기도 한다. 모르는 문제가 없으므로 틀렸다고 생각하지 않는 아이에게는 시험을 치른 후 틀린 문제가 왜 틀렸는지 아이와 한 문제씩 검토해보는 게 좋다. 문제 파악을 잘 못해서인지, 풀이 방법을 몰라서인지, 실수인지 확인을 해야 한다.

자신이 모르는 문제도 안다고 생각하는 아이는 맞힌 문제도 다시 체크해봐야 한다. 답은 맞았지만 잘 모르는 채 우연히 맞았을 수도 있나. 산목 문제의 소건이나 과정을 무시한 채 아전인수식 문제해결을 하는 경우도 있기 때문에 정확한 개념을 알게 하는 것이 필요하다.

수학 잘하는 아이는
어떻게 공부할까

펴낸날 초판 1쇄 2022년 2월 15일

지은이 임미성

펴낸이 임호준
출판 팀장 정영주
편집 김은정 김유진 이상미
디자인 유채민 | **마케팅** 길보민
외주 편집 홍현경 | **외주 디자인** 별을잡는그물 양미정
경영지원 나은혜 박석호 | **IT 운영팀** 표형원 이용직 김준홍 권지선

인쇄 상식문화

펴낸곳 비타북스 | **발행처** (주)헬스조선 | **출판등록** 제2-4324호 2006년 1월 12일
주소 서울특별시 중구 세종대로 21길 30 | **전화** (02) 724-7664 | **팩스** (02) 722-9739
포스트 post.naver.com/vita_books | **블로그** blog.naver.com/vita_books | **인스타그램** @vitabooks_official

ⓒ 임미성, 2022

이 책은 저작권법에 따라 보호를 받는 저작물이므로 무단 전재와 무단 복제를 금지하며,
이 책 내용의 전부 또는 일부를 이용하려면 반드시 저작권자와 (주)헬스조선의 서면 동의를 받아야 합니다.
책값은 뒤표지에 있습니다. 잘못된 책은 바꾸어 드립니다.

ISBN 979-11-5846-372-4 03590

비타북스는 독자 여러분의 책에 대한 아이디어와 원고 투고를 기다리고 있습니다.
책 출간을 원하시는 분은 이메일 vbook@chosun.com으로 간단한 개요와 취지, 연락처 등을 보내주세요.

비타북스는 건강한 몸과 아름다운 삶을 생각하는 (주)헬스조선의 출판 브랜드입니다.